GUIDE
DES VÉGÉTAUX D'ORNEMENT
POUR LE QUÉBEC

Tome II

Les arbres feuillus

D0841596

GUIDE
DES VÉGÉTAUX D'ORNEMENT
POUR LE QUÉBEC

Tome II

Les arbres feuillus

texte et photographies
Bertrand Dumont
conseiller en horticulture

préface
Tony Hubert

ÉDITIONS
BROQUET INC
C. P. 310, LAPRAIRIE, QC CANADA J5R 3Y3 TÉL.: 514-659-4819

Données de catalogage avant publication (Canada)

Dumont, Bertrand

Guide des végétaux d'ornement pour le Québec

(Collection Jardins).
Bibliogr.: p.
Comprend un index.
Sommaire partiel : t. 1 Conifères et arbustes à feuilles persistantes.
t. 2 Arbres feuillus.

ISBN 2-89000-155-5 (v. 1)
2-89000-236-5 (v. 2)

1. Plantes d'ornement — Québec (Province). 2. Horticulture d'ornement — Québec (Province). 3. Arbres d'ornement — Québec (Province). I. Titre. II. Collection.

SB407.3C35D85 1986   635.9   C86-096094-3

Copyright Ottawa 1989
Éditions Marcel Broquet Inc.
Dépôt légal — Bibliothèque nationale du Québec
1er trimestre 1989

Réimpression 1994

ISBN 2-89000-236-5

À Lise

«Les plantes semblent avoir été semées avec profusion sur la terre, comme les étoiles dans le ciel, pour inviter l'Homme, par l'attrait du plaisir et de la curiosité, à l'étude de la nature.»

Jean-Jacques Rousseau

TABLE DES MATIÈRES

PRÉFACE

En 1987, Bertrand Dumont publiait un manuel sur les **conifères** ornementaux. Cette édition fut rapidement un succès et a encouragé l'auteur à préparer un deuxième volume sur les **arbres** ornementaux.

Avec l'achèvement de ce nouveau livre, Bertrand Dumont met sa grande expérience au service de tous les intervenants en horticulture ornementale, aussi bien les professionnels que les amateurs de belles plantes et de beaux jardins.

Qu'il s'agisse de l'utilisation directe du bois pour ses besoins personnels ou des dommages moins évidents causés par la pollution de son environnement, l'homme moderne est un destructeur d'arbres. Pourtant, l'arbre est le symbole de la vie et ce, depuis toujours. Il est là, majestueux, grandiose. Sa stature, souvent imposante, inspire le respect et prodigue protection et sécurité. Il s'agit en fait d'un ami, du roi des végétaux.

Aussi, n'est-il pas étonnant que référence soit faite aux arbres pour exprimer la qualité de la vie. Il suffit de penser qu'il contribue à assainir l'air que nous respirons, aide à retenir l'eau du sol, assourdit le bruit, diminue l'intensité du vent et fournit abri et ombrage à la faune et la flore, pour être facilement convaincu de sa grande importance. C'est en outre le premier élément à inclure dans la planification d'un jardin, d'un parc ou d'un aménagement urbain.

Que ce soit par sa taille, l'attrait de son écorce, de son feuillage, de ses fleurs ou de ses fruits, ou encore par sa forme, vous trouverez certainement parmi les espèces d'arbres présentées dans ce volume, celle qui vous convient. De plus, vous serez en mesure de choisir la variété qui vous plaît, pour sa vigueur, pour l'absence de semences ou d'épines ou ses qualités ornementales.

Puisse le succès de cet ouvrage, comme le précédent, contribuer à l'embellissement de votre environnement et de votre demeure. Qu'il enrichisse aussi vos connaissances et vous aide à choisir les compagnons végétaux qui agrémenteront votre vie de la meilleure façon et le plus longtemps.

Je tiens à féliciter l'auteur pour cet ouvrage remarquable qui nous fournit un instrument de travail agréable, clair, rationnel et très bien illustré.

Tony Hubert

INTRODUCTION

En 1980, le Québec était l'hôte des Floralies internationales. Pour la première fois, cette manifestation prestigieuse se déroulait en Amérique du Nord, à Montréal par surcroît.

Depuis, l'intérêt des Québécois et des Québecoises pour l'horticulture n'a fait que croître. J'ai souvent pu constater cet intérêt car mes activités professionnelles m'amènent à côtoyer un grand nombre de personnes.

Comme dans toutes les activités économiques de notre société, il n'y aura de progrès que si l'information est disponible à tous. Mais il faut bien le constater, chez nous la plupart des ouvrages disponibles sont d'origine européenne, pan-canadienne ou américaine, et ils ne correspondent pas toujours à nos attentes et à nos besoins. C'est pourquoi, après consultation et réflexion, j'ai décidé de me consacrer à la rédaction de ce «GUIDE DES VÉGÉTAUX D'ORNEMENT POUR LE QUÉBEC».

Dans un premier temps j'ai choisi d'étudier les plantes ligneuses. Cet ouvrage se divise en 4 volumes:
• Tome I: Les conifères et les arbustes à feuillage persistant.
• Tome II: Les arbres feuillus.
• Tome III: Les arbustes.
• Tome IV: Les rosiers, les rhododendrons et les azalées rustiques, les plantes grimpantes et les arbustes couvre-sol.

Par la suite, j'espère pouvoir rédiger des ouvrages sur les plantes herbacées et les plantes vivaces.

Avant de choisir quels conifères, arbres et arbustes je décrirais, j'ai consulté de nombreux catalogues de pépiniéristes. Je voulais ainsi m'assurer que ces plantes étaient disponibles actuellement dans nos centres de jardins, ou à tout le moins que nos horticulteurs n'auraient pas de difficultés à se les procurer.

Ce choix s'inscrit dans la pensée avec laquelle j'ai travaillé à cette publication. J'ai voulu, avant tout, faire de ce livre un ouvrage de vulgarisation qui réponde directement aux questions du grand public. J'ai voulu un livre simple, facile à lire, pratique et bien illustré qui décrive des plantes disponibles et bien adaptées à nos conditions climatiques.

Je souhaite que tous les professionnels de l'horticulture accueillent ce guide avec intérêt et qu'ils s'en fassent les promoteurs auprès de leurs clients et lecteurs.

Mon plus grand souhait est de travailler avec tous et chacun à l'établissement d'une industrie florissante dont nous pourrons être fiers.

11

Je tiens à remercier ici tous ceux et celles qui ont si bien accueilli le premier tome de ce GUIDE DES VÉGÉTAUX D'ORNEMENT POUR LE QUÉBEC. Leurs commentaires, leurs critiques, leur impatience à voir le deuxième volume ont été pour moi un grand encouragement.

Cette réalisation aurait été impossible sans le JARDIN BOTANIQUE DE MONTRÉAL et les ressources inépuisables de son arboretum et de sa bibliothèque.

Certaines personnes doivent être particulièrement remerciées.
- M. G. Boizard et M. J.-P. Bellemare du Jardin botanique de Montréal, pour certaines photographies.
- M. L. Sherk et M. A. Le Tarnec de la pépinière Sheridan, pour m'avoir fourni des illustrations et certaines données techniques.
- M. M. Havlin, pour son support et ses commentaires.

Je tiens à remercier M. Tony Hubert de W. H. PERRON et Cie Ltée qui a accepté de rédiger la préface de ce volume. M. Hubert est un horticulteur et un chercheur de grand renom, et c'est un honneur pour moi qu'il ait acquiescé à ma demande.

COMMENT UTILISER CE GUIDE

Cet ouvrage est classifié selon l'ordre alphabétique des NOMS LATINS. Pour écrire ces noms, j'ai utilisé la nomenclature de l'Association française de normalisation (AFNOR) éditée à partir de la nomenclature internationale.

- le genre est écrit avec une majuscule. Ex.: *Acer, Populus, Fraxinus.*
- l'espèce, elle, est écrite avec une minuscule. Ex.: *Acer rubrum, Fraxinus americana.*
- le signe (X) signifie que la plante est un hybride. Ex.: *Malus* (X) 'Royal Beauty'.
- lorsqu'il s'agit d'une variété botanique, c'est-à-dire une variété que l'on retrouve à l'état spontané dans la nature, le nom de celle-ci commence par une minuscule. Ex.: *Gleditsia triacanthos inermis.*
- Si, par contre, il s'agit d'une variété horticole que l'on appelle aussi cultivar, c'est-à-dire une plante dont les caractères ont été modifiés par l'homme, chaque mot la désignant commence par une majuscule et est placé entre guillemets simples. Ex.: *Acer rubrum* 'Columnare', *Betula pendula* 'Youngii'.

À côté du nom latin on retrouve parfois le sigle C.O.P.F. qui signifie Canadian Ornemental Plant Fondation, appellation traduite en français par F.C.P.O. ou Fondation canadienne des plantes ornementales. Cette fondation a pour but de protéger les producteurs de nouvelles plantes en enregistrant les caractéristiques de celles-ci et de veiller à ce que le créateur reçoive des redevances de tous ceux qui multiplient la nouvelle plante à des fins commerciales.

L'astérisque (*) placé avant le nom latin signifie que cette plante est indigène au Québec. On peut donc l'observer à l'état naturel dans nos forêts.

Puis vient en majuscules le nom commun. J'ai essayé de noter en premier lieu le nom commun québécois le plus utilisé. Suivent les autres noms québécois et français.

Pour permettre, le cas échéant, de faire la correspondance avec des ouvrages écrits en d'autres langues, je cite les noms canadiens, américains ou anglais généralement utilisés en Amérique du Nord.

* * *

Après la dénomination de la plante on trouve les indications sur sa RUSTICITÉ.
Mais qu'est-ce que la rusticité ?
La rusticité d'une plante est sa capacité de résister aux intempéries, notamment aux conditions hivernales. Actuellement, il y a plusieurs classifications pour la rusticité. J'ai retenu les deux suivantes:

A) ZQ: Zone québécoise de rusticité ou zone d'adaptation pour l'horticulture au Québec.

En 1980, H. Bernard, J. Landry, L.-P. Roy et F. Oemichen ont établi des «zones d'adaptation pour l'horticulture ornementale» dans les différentes régions du Québec en considérant les facteurs suivants:

1) Facteurs climatiques:
   • Degré-jour
   • Épaisseur de la couverture de neige
   • Vélocité des vents
   • Minimum extrême en hiver
   • Durée de la période de croissance
   • Gelées hâtives
   • Potentialités de micro-climats

2) Facteurs physiographiques:
   • Positionnement géographique
   • Élévation
   • Type de relief

3) Facteurs pédologiques:
   La pédologie est la science qui étudie la nature du sol et son rapport avec le climat et la végétation. Après avoir fait la synthèse de tous ces éléments, ils ont établi huit zones différentes. Pour connaître l'étendue de chaque zone, consultez la carte à la fin du présent ouvrage.

Pour faciliter la lecture de chaque fiche, j'ai attribué une lettre à chaque zone.

A: Côte-Nord
B: Abitibi
C: Bas Saint-Laurent, Baie des Chaleurs, Charlevoix
D: Témiscamingue
E: Laurentides
F: Québec et Cantons de l'Est
G: Montréal et Outaouais

En consultant la carte délimitant les différentes zones, on peut constater qu'il n'y a aucune indication pour certaines parties du territoire. En établissant des comparaisons entre les plantes déjà bien connues et les plantes que l'on souhaite introduire, on pourra connaître la capacité d'adaptation de ces plantes. Comme on peut le noter, certaines lettres sont accompagnées du signe -, d'autres pas. Cela correspond aux données suivantes:

Lettre non accompagnée du signe - :
• Plantes cultivées avec succès dans la zone.
• Plantes utilisées avec succès dans la zone ou sur la culture desquelles on possède des renseignements pertinents.

- Plantes peu connues, aux caractéristiques semblables aux deux premiers groupes.
- Plantes indigènes qui se trouvent dans la zone et sur la culture desquelles on possède des renseignements pertinents.

Lettre accompagnée du signe - :
- Plantes connues qui ne font pas partie de la liste précédente mais qui devraient être théoriquement adaptables.
- Plantes peu connues qui, théoriquement, devraient être adaptables.

* Mise en garde.
À l'intérieur des huits zones décrites, on peut retrouver des micro-climats plus ou moins favorables. On utilisera donc ces données avec discernement. Dans tous les cas on tiendra compte des expériences existantes et on s'adressera à un horticulteur local pour confirmer ces renseignements.

B) ZC: Zone canadienne de rusticité ou zone de rusticité pour les plantes.
Ces zones ont été établies par C.-E. Ouellette et L.C. Sherk d'Agriculture Canada, pour tout le territoire canadien. Ils ont considéré les éléments suivants:
- Température minimale en hiver
- Durée de la période de gel
- Pluies d'été
- Ensevelissement sous la neige
- Vent

Cette recherche a donné naissance à la classification bien connue que je cite ici. Dans le cas qui nous intéresse, les zones s'échelonnent de 1 à 5 et sont divisées en deux sections. On distingue les sections a et b, la section b étant la plus tempérée. Quand un chiffre n'est pas suivi d'une lettre, il indique forcément la zone la plus froide, soit la zone a (Ex.: 4: 4a)

* Mise en garde: Même que pour ZQ.

* * *

Chaque fiche est accompagnée d'une DESCRIPTION.
En premier lieu on indique:
H: hauteur de la plante à l'âge adulte.
L: largeur à la même période.
Par la suite, on décrit simplement la plante en s'attardant sur les éléments décoratifs. On indique en dernier lieu le rythme de croissance qui toutefois peut varier d'une région à l'autre, selon le climat et la composition du sol.

Vient ensuite l'énumération des EXIGENCES.
À chaque lettre correspondent les principales exigences de la plante, ce qu'elle requiert pour bien pousser.

E: EXPOSITION
On indique ici si la plante croît au soleil, à la mi-ombre ou à l'ombre.

S: SOL
On donne une indication sur la qualité du sol dont la plante a besoin pour pousser de façon idéale. En général on aura intérêt à changer le sol ou à ajouter soit de la terre à jardin ou des amendements lors de la plantation.

H: HUMIDITÉ
Humidité du sol: on signale ici la résistance de la plante aux conditions extrêmes (sécheresse, excès d'eau) et on précise si le sol doit être ou non bien drainé.
Humidité atmosphérique: on indique les besoins de la plante quant au degré d'humidité de l'atmosphère.

R: RUSTICITÉ ET RÉSISTANCE
Dans cette rubrique on indique si la plante est rustique, si elle doit bénéficier d'une protection hivernale, d'un couvert de neige.

* Pour les arbres, la protection hivernale est très simple. Il s'agit plutôt de protéger l'arbre contre l'attaque des rongeurs. La méthode la plus efficace est de placer un protège-tronc en plastique. Pour les arbustes greffés sur tige, une protection de la greffe avec une toile de jute est efficace.

Parfois on signale aussi la résistance de la plante à certains facteurs comme la pollution ou le sel des routes.

T: TAILLE
Des données élémentaires sont fournies sur la taille de chaque plante décrite.

Les arbres feuillus peuvent subir, suivant leurs besoins, trois types de taille.

1) La taille de formation.
Cette taille est habituellement faite par les pépiniéristes; toutefois, dans le cas où la plante aurait subi des dommages, ou si la plante est de petit calibre il est nécessaire de pratiquer cette taille.

Elle consiste à dégager les branches que porte le tronc, sur la hauteur désirée. Si les branches sont grosses, on taillera sur 2 ans.

On peut aussi tailler la charpente. En premier lieu il faut respecter la forme naturelle de la plante. Les branches doivent être équilibrées tout le tour de la cime. Il faut aussi éviter qu'une branche prenne plus d'importance qu'une autre. L'équilibre est de règle.

2) La taille d'entretien.
La taille d'entretien consiste à supprimer le bois mort, les branches trop vigoureuses qui déforment la cime naturelle de l'arbre

et les fourches. Cette taille intervient généralement sur les jeunes sujets ou pour corriger les imperfections. Elle se fait au printemps, à l'été ou à l'automne selon les espèces.

- À la fin de l'hiver ou au début du printemps: *Alnus, Aesculus, Catalpa, Celtis, Eleagnus, Gleditsia, Fraxinus, Fagus, Morus, Ostrya, Populus, Pyrus, Quercus, Salix, Sorbus, Tilia* et *Ulmus.*

- Après leur floraison: *Amelanchier, Caragana, Cercis, Forsythia, Malus, Prunus, Robinia, Syringa, Viburnum,* et *Wegelia.*

- À l'automne: *Acer, Betula, Crataegus.*

3) L'élagage.
Cette opération consiste à tailler plus ou moins sévèrement les arbres. Il ne faut pas confondre ce type de travail avec l'émondage qui n'est qu'une technique de l'élagage.

En général, l'élagage est une opération difficile et demande l'intervention d'un spécialiste en arboriculture.

NOTE: Au Québec on a tendance à trop tailler pour réduire le volume des plantes. Il faut savoir organiser nos plantations pour obtenir des sujets qui correspondent le plus exactement possible à nos besoins. Il est toujours plus agréable d'admirer son aménagement que d'y travailler sans cesse.

La dernière rubrique énumère les UTILISATIONS possibles de la plante décrite. Ces indications sur l'utilité de la plante en aménagement paysager ne sont pas restrictives. On pourra bien sûr exploiter différemment la plante dans la limite de ses possibilités.

Acer campestre 'Postolense'
ÉRABLE CHAMPÊTRE POSTOLENSE
Common Maple Postolense

ZQ: E- / G
ZC: 5b

DESCRIPTION: H: 4 m L: 2 m
Arbre de petite dimension au tronc de forme arrondie irrégulière.
Écorce grisâtre, légèrement fendillée qui donne l'aspect du liège.
Feuilles en forme de lobes, jaunes au début de la saison devenant vert jaunâtre à l'été et tournant au jaune or à l'automne. Fleurs blanches en mai, qui donnent des fruits sous forme de samares par la suite.
Les racines sont fines et superficielles.
Croissance lente.

EXIGENCES: E: Demande le plein soleil mais supporte une ombre légère.
S: S'adapte à tous les sols même médiocres et calcaires.
H: Supporte la sécheresse.
R: Peu rustique, cette espèce d'érable doit être utilisée dans les endroits abrités des vents froids de l'hiver. Offre une bonne résistance à la pollution.
T: Supporte très bien la taille qui se fait à l'automne ou durant l'hiver.

UTILISATIONS: Excellente plante à utiliser en isolée dans les petits jardins.

Acer campestre 'Schwerinii'
ÉRABLE CHAMPÊTRE DE SCHWERIN
Schwerin's Common Maple

ZQ: E- / G
ZC: 5b

DESCRIPTION: H: 6 m L: 4 m
Petit arbre à cime arrondie plutôt régulière.
Tronc à écorce grisâtre portant des branches semi-érigées. Feuilles comportant de 3 à 5 lobes. Le feuillage est de couleur pourpre au printemps puis il devient vert foncé durant l'été. À l'automne les feuilles prennent de belles teintes jaune-orange-cuivre.
En mai-juin apparaissent des fleurs blanchâtres qui donnent naissance à des fruits en forme d'ailes (samares).
Enracinement traçant fait de racines fines et nombreuses.
Croissance lente.

EXIGENCES: E: Si la plante est dans un sol riche et bien drainé elle supporte une ombre légère. Sinon il lui faut le plein soleil.
S: S'accommode de tous les sols, qu'ils soient pauvres ou calcaires.
H: Résiste bien aux périodes de sécheresse.
R: Cette plante doit être plantée dans des endroits protégés car elle est peu rustique. Bonne résistance à la pollution.
T: Supporte bien la taille.

UTILISATIONS: Peut aussi bien être utilisé en groupe ou en isolé dans les petits jardins.

Acer ginnala

ÉRABLE DE L'AMUR — Érable du Sakhalin
Amur Maple

ZQ: A / B / C / D / E / F / G
ZC: 2b

DESCRIPTION: H: 7 m L: 6 m
Petit arbre à plusieurs troncs avec une écorce grisâtre devenant de plus en plus foncée avec l'âge.
Branches verticales devenant horizontales avec l'âge. Ces branches portent des rameaux pourpres lors de la pousse du printemps. Feuilles profondément découpées en trois lobes. Feuillage dense, vert foncé prenant une coloration automnale très voyante, d'un beau rouge vif.
Floraison blanc jaunâtre, parfumée, en nombreuses petites grappes. Les fruits suivent en juillet. Sous forme de samares rose vif, ils sont très décoratifs et persistent longtemps.
Racines traçantes, fines et nombreuses.
Croissance rapide.

EXIGENCES: E: Préfère le soleil.
S: Convient bien à tous les types de sols, notamment les sols sablonneux.
H: Ne craint pas la sécheresse.
R: De bonne rusticité, cette plante supporte bien les conditions urbaines.
T: Peut facilement être taillé.

UTILISATIONS: Sujet intéressant à utiliser en groupe ou en isolé. Il faut rechercher des plantes à troncs multiples qui sont plus viables.

* Acer negundo
ÉRABLE À GIGUÈRE — Érable négundo
Boxelder Manitoba Maple

ZQ: A / B / C / D / E / F / G
ZC: 2

DESCRIPTION: H: 15 m L: 10 m
Arbre souvent à plusieurs troncs, à cime arrondie plus ou moins régulièrement donnant un aspect général diffus à la plante. Les branches sont disposées irrégulièrement. Vertes lors de la pousse, elles deviennent brunâtres avec l'âge. Les feuilles sont composées de 3 folioles, vert clair, légèrement poilues dessous. Le feuillage tourne au jaune à l'automne. Fleurs verdâtres en mars-avril donnant de nombreux fruits en forme d'ailes qui persistent longtemps en hiver. Racines puissantes, superficielles et très nombreuses. Croissance très rapide.

EXIGENCES: E: Préfère le plein soleil mais une ombre légère peut aussi convenir.
S: S'adapte bien à toutes les conditions même les plus difficiles.
H: Préfère les terrains humides mais résiste à la sécheresse.
R: C'est une plante indigène que l'on retrouve presque partout au Québec. Supporte très bien les excès de calcium sur le bord des routes, mais elle a tendance à casser facilement sous l'action du vent ou du verglas. Bonne résistance à la pollution.

UTILISATIONS: Cet arbre doit être planté dans les jardins de grandes dimensions ou dans des endroits difficiles. Les jardins de campagne sont des sites intéressants. Il faut éviter de le planter sur un petit terrain car sa taille et ses racines peuvent devenir envahissantes. La fructification, elle aussi, peut devenir un problème.

Acer platanoides
ÉRABLE DE NORVÈGE — Érable plane
Norway Maple

ZQ: C- / E- / F / G
ZC: 4b

DESCRIPTION: H: 20 m L: 12 m
Arbre à couronne sphérique, large, très régulière. Tronc droit à écorce grise et lisse qui se fissure avec l'âge pour devenir brunâtre foncé.
Feuillage dense, vert moyen, légèrement lustré qui apparaît tôt au printemps. Il vire au jaune vif à l'automne et tombe tard. Feuilles simples à cinq lobes dont les extrémités sont pointues.
Fleurs apparaissant avant les feuilles, en corymbes denses, vert jaunâtre. À la fin du printemps cette floraison donne naissance à une prolifération de fruits en forme d'ailes. Enracinement fait de racines superficielles, fines et nombreuses, et de racines plus grosses descendant profondément dans le sol. Croissance moyenne à rapide, suivant les situations.

EXIGENCES: E: Aussi bien au soleil qu'à l'ombre légère.
S: Préfère les sols riches et neutres mais s'adapte bien à tous les types.
H: Un sol frais et bien drainé est préférable.
R: Bonne rusticité. Très résistant à la pollution des villes.
T: La taille intervient principalement pour la formation de la plante. Par la suite la taille se pratique pour équilibrer les branches ou maintenir le développement. La taille d'entretien se fait sans problème à l'automne ou à l'hiver.

UTILISATIONS: Très utilisé comme arbre d'alignement dans les jardins de grandes dimensions ou dans les parcs.

Acer platanoides 'Columnare'
ÉRABLE DE NORVÈGE COLONNAIRE
Columnare Norway Maple

ZQ: F / G
ZC: 4b

DESCRIPTION: H: 15 m L: 4,50 m
Arbre au port colonnaire étroit.
Tronc unique à écorce rugueuse, brun foncé.
Branches nombreuses, érigées, proches du tronc et portant de jeunes pousses rougeâtres.
Feuillage dense, vert foncé durant la belle saison et devenant jaune d'or à l'automne. Feuilles plus petites et moins profondément lobées que chez Acer platanoides.
Racines superficielles nombreuses et racines plus grosses descendant profondément.
Croissance plutôt lente.

EXIGENCES: E: Croît bien au soleil mais supporte les endroits mi-ombragés.
S: Peu exigeant, même les sols calcaires lui conviennent.
H: Préfère les sols frais et bien drainés.
R: Bonne rusticité. Résistance élevée à la pollution.
T: Utile seulement durant la formation, inutile par la suite.

UTILISATIONS: Excellente plante pour les endroits exigus, notamment les rues, mais aussi les aménagements paysagers. Utile en isolé, il peut aussi être utile comme écran.

Acer platanoides 'Crimson King' — ***Acer platanoides*** 'Schwedleri Nigra'
ÉRABLE DE NORVÈGE CRIMSON KING —
Érable rouge — Érable Crimson King
Crimson King Norway Maple

ZQ: F / G
ZC: 4b

DESCRIPTION: H: 12 m L: 8 m
Arbre au port oblong dont la couronne est régulière. Tronc droit, écorce grise devenant plus foncée avec l'âge. Branches ascendantes. Feuillage dense, rouge-brun au printemps, devenant rouge-noir durant l'été. Il arrive parfois qu'au milieu de l'été la teinte devienne plus claire. Les feuilles simples, à cinq lobes, ont l'aspect froissé lorsqu'elles apparaissent et elles deviennent planes par la suite. Le feuillage apparaît tôt au printemps mais tombe tôt à l'automne. Racines étalées et superficielles avec trois, quatre pivots descendants. Croissance lente à moyenne.

EXIGENCES: E: Doit être planté en plein soleil.
S: Un sol riche et meuble lui est favorable, toutefois il supporte le calcaire.
H: Un sol frais et bien drainé est conseillé.
R: Rustique.
T: Supporte bien la taille et l'émondage. On verra à supprimer les «gourmands» qui peuvent apparaître à la base du tronc.

UTILISATIONS: Très belle plante à utiliser en isolée. Peut aussi convenir pour former des groupes dans les grands espaces ou encore en alignement dans les rues secondaires.

Acer platanoides 'Crimson Sentry'
ÉRABLE DE NORVÈGE CRIMSON SENTRY —
Érable Crimson Sentry
Crimson Sentry Norway Maple

ZQ: F / G
ZC: 4b

DESCRIPTION: H: 10 m L: 4 m
Arbre érigé au port en colonne étroite. C'est une forme colonnaire de l'Érable de Norvège Crimson King. Le tronc droit, à écorce grise devenant plus foncée avec l'âge, porte des branches érigées proche de la verticale. Feuillage rouge vin du printemps à l'automne. Feuilles simples, lobées. Racines superficielles avec pivots descendants.
Croissance lente.

EXIGENCES: E: Demande le plein soleil.
S: Pas d'exigence particulière.
H: Un sol frais et bien drainé est préférable.
R: Cette plante est rustique en zone 4b, toutefois il se peut que celle-ci soit plus élevée car sa rusticité n'a pas été établie avec certitude.
T: Principalement pour la forme.

UTILISATIONS: C'est une excellente plante pour les petits jardins mais qui peut aussi être utilisée en isolée dans les parcs.

Acer platanoides 'Deborah' C.O.P.F.
ÉRABLE DE NORVÈGE DEBORAH — Érable Deborah
Deborah Norway Maple

ZQ: F / G
ZC: 4b

DESCRIPTION: H: 18 m L: 10 m
Cet arbre est une sélection de Acer platanoides 'Schwed-leri'. C'est un arbre au port élancé dont la tige centrale est très droite. Celle-ci porte des branches érigées, droites et vigoureuses, donnant un aspect allongé à la plante. Les feuilles sont simples et lobées. Les jeunes pousses, sont rouges, par la suite le feuillage devient vert bronzé mais il reste de jeunes pousses rouges durant toute la saison de croissance.
Floraison printanière rougeâtre.
Racines à pivots avec de nombreuses racines superficielles.
Croissance moyenne à rapide.

EXIGENCES: E: Préfère le plein soleil.
S: Peu exigeant.
H: Demande un sol frais et bien drainé.
R: Rustique. Préfère les endroits protégés des grands froids et des vents d'hiver.
T: Supporte bien la taille.

UTILISATIONS: Utiliser principalement en isolé dans les petits jardins. Peut aussi être utile comme arbre d'alignement.

Acer platanoides 'Drummondii'
ÉRABLE DE DRUMMOND — Érable panaché
Harlequin Maple

ZQ: F / G
ZC: 5

DESCRIPTION: H: 10 m L: 6 m
Arbre à cime arrondie irrégulière.
Tronc à écorce grisâtre devenant plus foncée avec l'âge.
Branches jeunes ascendantes s'étalant avec l'âge.
Feuillage dense. Feuilles simples, à trois lobes dont le centre est vert clair mais dont le bord, large et régulier, est coloré de blanc. Certaines feuilles sont tachetées de blanc avec des plages vert grisâtre. Certaines jeunes pousses sont parfois colorées de rose.
Enracinement formé de pivots et de racines en faisceaux.
Croissance lente.

EXIGENCES: E: Le plein soleil est absolument nécessaire pour que cet arbre prenne toutes ses couleurs.
S: Pas d'exigence particulière.
H: La croissance est favorisée par un sol frais et bien drainé.
R: Peu rustique, il devra être planté dans des endroits protégés des vents hivernaux.
T: On veillera à supprimer les branches portant des feuilles sans panachure qui apparaissent parfois. Supporte bien la taille.

UTILISATIONS: Ses très beaux caractères ornementaux font de cet arbre une plante à isoler. C'est une plante de choix.

Acer platanoides 'Globosum'
ÉRABLE DE NORVÈGE GLOBE — Érable globe —
Érable boule
Globe Norway Maple

ZQ: F / G
ZC: 5

DESCRIPTION: H: 7 m L: 5 m
Petit arbre greffé sur une tige de 2,50 m. Sa cime est naturellement ronde.
Tronc droit supportant une ramure compacte.
Feuillage dense aux jeunes pousses rouge-brun, puis rouge vif, donnant par la suite des feuilles vert foncé. Feuilles simples à trois lobes, lustrées. Belle coloration jaune à l'automne. Racines étalées avec quelques pivots profonds.
Croissance lente.

EXIGENCES: E: Plein soleil
S: Peu exigeante, cette plante supporte les sols calcaires.
R: Rustique, cette plante demande un milieu protégé pour éviter les gélivures qui déforment son port.
T: Taille inutile. Supprimer seulement les rejets de greffe si ceux-ci apparaissent.

UTILISATIONS: Très recommandable pour les petits jardins. Utilisé en isolé dans tous les endroits où la place est limitée.

Acer platanoides 'Royal Red'
ÉRABLE DE NORVÈGE ROYAL RED — Érable Royal Red
Royal Red Norway Maple

ZQ: F / G
ZC: 4b

DESCRIPTION: H: 15 m L: 10 m
Arbre au port oblong, large, plutôt régulier.
Tronc à écorce grise, devenant rugueuse, foncée avec
l'âge.
Branches érigées portant une ramure dense.
Feuillage dense, rouge luisant toute l'année. Feuilles
simples, à trois lobes.
Racines étalées avec pivots descendants.
Croissance moyenne.

EXIGENCES: E: Plein soleil.
S: S'adapte à toutes les situations.
H: Supporte bien la chaleur atmosphérique et les séche-
resses légères. Toutefois cet arbre préfère un sol légè-
rement humide.
R: Bonne rusticité.
T: Supporte la taille et l'émondage.

UTILISATIONS: Utile en isolé mais aussi en alignement de rues secondaires. Fournit un bel ombrage.

Acer platanoides 'Schwedleri'
ÉRABLE DE NORVÈGE SCHWEDLER – Érable Schwedler
Schwedler Maple

ZQ: F / G
ZC: 4b

DESCRIPTION: H: 15 m L: 10 m
Arbre à cime arrondie, régulière.
Tronc gris devenant plus foncé avec l'âge.
Feuillage moyennement dense, rouge clair au printemps,
devenant rouge-pourpre pour finalement tourner au vert
olive à l'été.
Feuilles simples, lobées, aux pétioles et aux nervures
rougeâtres durant la période estivale. À l'automne le
feuillage prend une teinte rouge, parfois rousse.
Fleurs rouge jaunâtre au printemps et qui sont suivies
de fruits en forme d'ailes.
Racines étalées descendantes.
Croissance lente.

EXIGENCES: E: S'adapte aussi bien à la mi-ombre qu'au plein soleil.
S: Peu exigeant.
H: Préfère un sol frais et bien drainé.
R: Rustique. Résiste à la pollution.
T: Supporte bien la taille.

UTILISATIONS: Principalement utilisé en isolé ou en alignement dans
les rues secondaires.

Acer platanoides 'Summershade'
ÉRABLE DE NORVÈGE SUMMERSHADE —
Érable Summershade
Summershade Norway Maple

ZQ: F / G
ZC: 4b

DESCRIPTION: H: 15 m L: 7 m
Arbre au port ovale, large et diffus.
Tronc droit à écorce grise portant une branche centrale
vigoureuse et des branches latérales semi-érigées. Feuilles simples, grandes et lobées. Feuillage moyennement
dense, vert très foncé, luisant sur le dessus, donnant
une ombre légère. Le feuillage devient jaune à
l'automne.
Racines en faisceaux avec quelques pivots.
Croissance rapide.

EXIGENCES: E: Le plein soleil est nécessaire pour une bonne
croissance.
S: Préfère les sols riches mais supporte le calcaire.
R: Bien qu'il soit rustique, il est préférable de planter
cet arbre dans des endroits abrités.
T: Supporte bien la taille.

UTILISATIONS: Cet arbre donne le meilleur de ses qualités comme plante
d'ombre dans les aménagements paysagers.

* *Acer rubrum*

ÉRABLE ROUGE — Plaine — Plaine rouge
Red Maple — Swamp Maple — Scarlet Maple

ZQ: A- / B- / C / D / E / F / G
ZC: 3b

DESCRIPTION: H: 20 m L: 16 m
Arbre à cime arrondie à oblongue large. Tronc droit portant une écorce d'abord rougeâtre devenant grise avec l'âge. Branches ascendantes, placées irrégulièrement, et portant des rameaux rouges. Feuilles simples ayant de 3 à 5 lobes, vert pâle dessus, glauques dessous. Le feuillage est la principale caractéristique de cet arbre qui, à l'automne, devient d'un magnifique rouge brillant. Bien que la couleur puisse varier d'un type de sol ou d'un endroit à l'autre, c'est l'un des plus beaux coloris automnaux. Avant les feuilles apparaissent les fleurs, de couleur rouge, regroupées en grappes. Les fruits suivent sous forme de samares rougeâtres. Enracinement superficiel qui devient de plus en plus profond avec la croissance. Croissance moyenne.

EXIGENCES: E: Le plein soleil lui est indispensable.
S: Un sol riche, légèrement acide, lui est favorable. Peut aussi supporter un sol neutre ou légèrement calcaire.
H: Dans son milieu naturel on le retrouve dans les endroits humides et même marécageux.
R: Très rustique cette plante ne résiste toutefois pas à l'atmosphère polluée des villes.
T: Principalement pour la formation.

UTILISATIONS: C'est une plante intéressante pour les endroits très humides. En effet la plantation de l'Acer rubrum en milieux humides augmente l'intensité de la coloration automnale. Préférablement, il faut l'utiliser loin des zones très polluées des grands centres urbains.

Acer rubrum 'Columnare'
ÉRABLE ROUGE COLONNAIRE
Columnare Red Maple

ZQ: D- / E- / F- / G
ZC: 5

DESCRIPTION: H: 18 m L: 6 m
Arbre au port colonnaire, oblong, plutôt large.
Tronc droit, à écorce grisâtre, portant des branches érigées, près du tronc, et qui s'ouvrent légèrement avec l'âge.
Feuilles simples, lobées, vert pâle durant l'été et devenant rouge bronzé à l'automne.
Racines plus ou moins superficielles.
Croissance lente à moyenne.

EXIGENCES: E: Demande le plein soleil.
S: Préfère un sol riche, légèrement acide.
H: Un sol humide et un taux d'humidité atmosphérique élevé lui sont favorables.
R: Sa rusticité est certainement plus élevée que celle indiquée. Les recherches restent à faire.
T: Inutile.

UTILISATIONS: Excellente plante pour les endroits exigus. Peut aussi être utilisé comme arbre de rues dans les endroits peu pollués. Utile aussi pour former des écrans.

Acer rubrum 'Morgan' C.O.P.F.
ÉRABLE ROUGE MORGAN — Plaine rouge Morgan —
Érable Morgan
Morgan Maple

ZQ: D- / E- / F- / G
ZC: 4

DESCRIPTION: H: 15 m L: 10 m
Arbre à cime arrondie, large, irrégulière, peu dense.
Tronc grisâtre portant une branche centrale d'où partent des branches semi-érigées.
Feuilles simples à 3 ou 5 lobes. Le feuillage, vert pâle l'été, prend une belle teinte rouge à l'automne. Sur cette variété la teinte automnale apparaît dès le plus jeune âge.
Petites fleurs rouges, avant les feuilles, qui sont suivies par des fruits en forme d'ailes de couleur rouge.
Racines d'abord superficielles puis de plus en plus descendantes avec l'âge.
Croissance moyenne.

EXIGENCES: E: Préfère le plein soleil.
S: Demande un sol riche, légèrement acide.
H: Un sol bien humide favorise la croissance.
R: Résistant et rustique.
T: Supporte la taille qui est principalement utilisée pour la formation.

UTILISATIONS: Arbre utile dans l'ornementation des aménagements paysagers.

Acer rubrum 'October Glory'
ÉRABLE ROUGE OCTOBER GLORY — Érable October Glory — Plaine rouge October Glory
October Glory Maple

ZQ: D- / E- / F- / G
ZC: 5

DESCRIPTION: H: 18 m L: 10 m
Arbre à cime oblongue donnant un feuillage plus ou moins dense.
Tronc à écorce grise portant des branches semi-érigées. Feuilles simples, à 3 ou 5 lobes pointus. Feuillage d'un beau vert brillant durant l'été qui prend une magnifique teinte rouge-cramoisi à l'automne. L'intensité de la coloration rouge n'est pas influencée par le type de sol où est planté cet arbre.
Racines d'abord superficielles puis descendantes.
Croissance moyenne.

EXIGENCES: E: Le plein soleil est indispensable pour obtenir le maximum d'intensité dans la coloration.
S: Un sol riche, légèrement acide permet une croissance optimum.
H: Préfère les endroits bien humides.
R: Peu résistant à l'atmosphère polluée des villes. Rusticité peut-être plus élevée que celle indiquée.
T: Supporte la taille.

UTILISATIONS: Du fait que cet arbre maintient longtemps sa couleur, c'est un sujet idéal pour les aménagements paysagers résidentiels.

Acer rubrum 'Red Sunset'
ÉRABLE ROUGE RED SUNSET — Érable Red Sunset —
Plaine rouge Red Sunset
Red Sunset Maple

ZQ: D- / E- / F- / G
ZC: 5

DESCRIPTION: H: 15 m L: 5 m
Arbre à cime semi-arrondie, oblongue, irrégulière et diffuse.
Tronc à écorce grisâtre portant des branches ascendantes nombreuses. Feuilles simples, lobées. Feuillage dense, vert clair lustré sur le dessus et qui devient rouge brillant à l'automne.
Le feuillage automnal persiste longtemps avant de tomber.
Floraison importante sous forme de petites fleurs rougeâtres, avant les feuilles.
Fructification sous forme de samares.
Racines superficielles lors du jeune âge. Par la suite elles descendent de plus en plus profondément.
Croissance rapide.

EXIGENCES: E: Doit être situé dans un endroit bien ensoleillé.
S: Un sol riche et légèrement acide est préférable.
H: Demande une bonne humidité aussi bien au sol que dans l'atmosphère.
R: Rusticité plus élevée à vérifier. Meilleure résistance à la pollution que l'espèce.
T: Pour la formation.

UTILISATIONS: C'est une bonne plante pour les rues secondaires. Peut aussi être placée en isolée dans les devantures ou les terrains arrière.

Acer rubrum 'Schlesingeri'
ÉRABLE ROUGE SCHLESINGERI — Érable Schlesingeri —
Plaine rouge Schlesingeri
Schlesingeri Red Maple

ZQ: E- / F- / G
ZC: 4

DESCRIPTION: H: 18 m L: 20 m
Arbre à cime arrondie, régulière et dense.
Tronc à écorce gris foncé avec l'âge, portant des branches semi-érigées.
Feuilles simples, grandes, à cinq lobes peu profonds.
Feuillage vert foncé, plus pâle en dessous, qui prend une teinte rouge-écarlate très tôt à l'automne. En effet sa coloration se fait 2 à 3 semaines avant les autres Acer rubrum et persiste assez longtemps.
Floraison printanière ne donnant pas de fructification.
Racines superficielles puis descendantes.
Croissance moyenne.

EXIGENCES: E: C'est le plein soleil qui lui convient le mieux.
S: Planter en sol profond, riche et légèrement acide.
H: Un sol bien humide de même qu'une atmosphère à haut taux d'humidité lui sont favorables.
R: Bonne rusticité. Peu résistant à la pollution.
T: Utile pour la formation seulement.

UTILISATIONS: Excellente plante à utiliser en isolé. On peut aussi l'utiliser en alignement dans les rues peu fréquentées.

Acer saccharinum

ÉRABLE ARGENTÉ — Plaine blanche — Plaine de France
— Érable blanc
Silver Maple — Soft Maple

ZQ: A- / B- / C / D / E / F / G
ZC: 2b

DESCRIPTION: H: 25 m L: 23 m
Arbre de grande dimension au port arrondi, irrégulier, ayant une couronne qui s'étale avec l'âge. Tronc court à écorce grise qui s'exfolie avec l'âge. Les branches sont grosses, placées de manière irrégulière et portant de plus petites branches retombantes dans le bas. Le bois est cassant aux vents ou au verglas. Feuilles simples, à cinq lobes profonds, très pointues et dont les bords sont découpés. Elles sont vertes sur le dessus et argentées dessous. Dès le moindre vent les feuilles bougent, laissant apparaître le dessous des feuilles, d'où le nom de la plante. À l'automne, le feuillage devient jaune pâle. Floraison au printemps, avant l'apparition des feuilles. Les fleurs sont rougeâtres. Par la suite des samares brunes apparaissent en abondance. Système radiculaire superficiel très développé et fait de racines fines et nombreuses. Croissance très rapide à tout âge.

EXIGENCES: E: Cet arbre peut croître indifféremment à l'ombre ou au soleil.
S: S'adapte à tous les types de sol, même les plus pauvres.
R: Très rustique, il résiste aux froids et à la pollution. Cependant il est peu résistant aux vents violents et au verglas.
T: Supporte très bien la taille et l'élagage.

UTILISATIONS: Souvent utilisé comme arbre d'alignement il est cependant à déconseiller. En effet, son système radiculaire est assez puissant pour endommager les conduits souterrains. (Certaines villes restreignent sa plantation.) Dans les petits espaces il donne beaucoup d'ombrage et ses racines empêchent le gazon de pousser. On l'utilisera donc plutôt pour la naturalisation dans les grands espaces ou pour sa vitesse de pousse, en connaissant bien tous les inconvénients.

Acer saccharinum 'Pyramidale'
ÉRABLE ARGENTÉ PYRAMIDAL —
Plaine blanche pyramidale
Pyramidale Silver Maple

ZQ: B- / C / D / E / F / G
ZC: 3

DESCRIPTION: H: 15 m L: 5 m
Arbre au port pyramidal étroit, régulier.
Tronc et branches à écorce grise. Branches érigées, près du tronc, commençant assez près du sol.
Feuilles simples, plus petites que chez Acer saccharinum, faites de plusieurs lobes, très découpées. Feuillage vert sur le dessus, argenté en dessous, qui prend une belle teinte jaune pâle à l'automne.
Système de racines superficielles moins «agressif» que chez Acer saccharinum.
Croissance rapide.

EXIGENCES: E: S'accommode aussi bien de l'ombre que du soleil.
S: S'adapte bien à n'importe quel type de sol.
H: Pour avoir un meilleur résultat il faut le planter dans un sol humide.
R: Bonne rusticité. Résiste bien à la pollution.
T: Taille pratiquement inutile excepté pour la formation.

UTILISATIONS: C'est un excellent arbre d'alignement là où les endroits le permettent. Le système radiculaire étant moins vigoureux il peut aussi être utilisé en isolé dans les aménagements paysagers.

Photo: Jardin botanique de Montréal

Acer saccharinum 'Wieri'

ÉRABLE ARGENTÉ LACINIÉ — Érable lacinié —
Érable Wieri
Cut-leaf Silver Maple — Wieri Maple

ZQ: A- / B- / C / D / E / F / G
ZC: 3

DESCRIPTION: H: 18 m L: 10 m
Arbre vigoureux au port oblong, irrégulier, diffus et gracieux.
Tronc droit, à écorce grise, qui porte des branches principales érigées. Les branches secondaires et les jeunes pousses sont longues, fines et retombantes.
Feuilles finement découpées, vert pâle dessus et argentées dessous.
Feuillage dense, d'aspect léger, prenant une couleur jaune doré à l'automne.
Floraison suivie de fructification.
Racines superficielles fines et nombreuses, assez puissantes.
Croissance très rapide.

EXIGENCES: E: La mi-ombre et le soleil lui sont bénéfiques.
S: Préfère les sols riches mais supporte les conditions difficiles.
H: Demande un sol très humide mais s'accommode de la sécheresse passagère.
R: Bonne rusticité. Résiste bien à la pollution.
T: Uniquement pour la formation.

UTILISATIONS: Malgré certaines restrictions à cause de l'enracinement, c'est une plante très décorative; en groupe ou en isolée sur de grands terrains.

Acer saccharum
ÉRABLE À SUCRE — Érable franc
Sugar Maple — Hard Maple

ZQ: C / D / E / F / G
ZC: 4

DESCRIPTION: H: 25 m L: 15 m
Arbre à cime arrondie, large et régulière, quand la plante est cultivée.
Tronc à écorce grise, crevassée avec l'âge.
Branches du haut descendantes, celles du bas étant plus ou moins étendues.
Feuilles épaisses, à 3 ou 5 lobes, pointues, peu découpées, vert clair dessus et plus pâle dessous. À l'automne le feuillage prend des teintes orange, or ou rouges suivant le type de sol.
Les fleurs apparaissent au printemps. Elles sont jaune verdâtre et sont suivies au début de l'automne par des fruits en forme d'ailes.
Racines descendantes.
Pousse lente à moyenne.

EXIGENCES: E: Préfère le soleil mais tolère la mi-ombre.
S: Un sol riche, profond, plutôt léger et un peu acide lui est favorable. Toutefois il supporte les sols légèrement calcaires.
H: Pour une croissance optimum le sol doit être frais et bien drainé.
R: D'une bonne rusticité on lui réservera cependant des endroits peu exposés aux vents et aux conditions climatiques difficiles. Cette plante est moyennement résistante à la pollution.
T: Supporte la taille et l'émondage sans excès.

UTILISATIONS: Bien connue pour le sirop d'érable, c'est aussi une plante très décorative à l'automne. Elle convient bien à l'aménagement des grands espaces et des parcs où on peut l'utiliser aussi bien en groupe qu'en isolée. Intéressant pour les rues peu passagères. Peut aussi être utile pour la naturalisation.

Acer saccharum 'Green Mountain'
ÉRABLE GREEN MOUNTAIN
Green Mountain Maple

ZQ: F / G
ZC: 4

DESCRIPTION: H: 20 m L: 15 m
Arbre à cime ovale, plus large au milieu de la couronne qu'à la naissance des branches.
Tronc droit portant des branches vigoureuses.
Écorce grise.
Feuilles simples, lobées, brillantes. Feuillage vert foncé prenant des teintes orange et rouges à l'automne. Les feuilles tombent tard à l'automne.
Racines descendantes.
Croissance moyenne.

EXIGENCES: E: Préfère le plein soleil mais une ombre légère peut aussi lui convenir.
S: Demande un sol riche, profond et plutôt léger. S'accommode de sols légèrement calcaires.
H: Une période de sécheresse ou de forts vents secs ne lui est pas dommageable.
R: Bonne rusticité. Résiste à la pollution si celle-ci n'est pas trop élevée.
T: Taille utilisée pour la formation seulement.

UTILISATIONS: Dans l'aménagement paysager des grands espaces ou comme arbre de rues secondaires.

Aesculus (X) ***carnea*** 'Briottii'
MARRONNIER À FLEURS ROUGES —
Marronnier rouge
Red Horsechestnut

ZQ: E- / F- / G
ZC: 4

DESCRIPTION: H: 15 m L: 8 m
Cime arrondie, régulière, devenant diffuse avec l'âge.
Écorce d'abord grise devenant plus foncée et écailleuse
avec l'âge. Les branches, dressées vers le haut, devien-
nent de plus en plus horizontales vers le bas de la cime.
Feuilles gaufrées composées de 7 folioles en forme de
doigts.
Feuillage vert foncé brillant, dense, de texture grossière,
devenant jaune à l'automne.
Fleurs en panicules dressées au bout des branches en
mai, de couleur rouge et persistant longtemps. Ne fleu-
rit que lorsque l'arbre atteint 2,50 m à 3 m.
Cette variété produit peu de fruits.
Racines superficielles ramifiées puis descendantes.
Croissance lente.

EXIGENCES: E: Demande du soleil mais craint les endroits trop
chauds.
S: Un sol riche, profond et fertile donne une croissance
maximale.
H: Sensible au taux d'humidité du sol; à éviter les sols
trop humides ou s'asséchant facilement.
R: De peu de rusticité cet arbre doit être planté dans des
endroits abrités des vents dominants. Résiste bien à
la pollution.
T: Supporte bien la taille et l'élagage.

UTILISATIONS: Très bel arbre à planter en isolé ou en groupe dans les
grands espaces.

Aesculus glabra
MARRONNIER DE L'OHIO
Ohio Buckeye

ZQ: C- / D- / E / F / G
ZC: 3b

DESCRIPTION: H: 14 m L: 7 m
Petit arbre à cime ovoïde et irrégulière.
Tronc droit, à écorce noirâtre s'enlevant en écailles sur les sujets âgés. Branches partant en tous sens donnant un aspect pittoresque en hiver.
Feuilles composées, palmées, à 5 folioles.
Feuillage dense, vert foncé, qui tourne au rouge orangé brillant à l'automne.
Fleurs nombreuses, jaune pâle à verdâtres, en forme de panicules en mai-juin.
Fruits en forme de marron, nombreux mais toxiques, ovoïdes et couverts d'un réceptacle vert muni d'épines courtes et molles.
Racines plus ou moins descendantes.
Croissance moyenne à lente.

EXIGENCES: E: Le plein soleil lui est favorable
S: Cet arbre demande un sol fertile, profond et riche.
H: Redoutant la sécheresse, il demande un sol frais mais sans excès d'eau.
R: Plante très rustique pouvant être utilisée dans des conditions difficiles.
T: Supporte la taille mais celle-ci est rarement utilisée.

UTILISATIONS: Cet arbre est intéressant dans les petits jardins. On peut l'utiliser en groupe, en isolé ou en association avec d'autres arbres.

Aesculus hippocastanum 'Baumanii'
MARRONNIER DE BAUMAN — Marronnier Baumanii
Bauman's Horsechestnut

ZQ: C- / F- / G
ZC: 5b

DESCRIPTION: H: 15 m L: 8 m
Arbre à cime ovoïde large.
Tronc à écorce grise, lisse, devenant écailleuse avec l'âge.
Feuilles composées de 7 folioles ovales, vertes avec des points bruns à la face inférieure. Feuillage dense à texture grossière.
Fleurs en grappes érigées, doubles, blanches avec un centre rouge éclatant, qui durent assez longtemps.
Pas de fructification.
Racines ramifiées descendantes.
Croissance plutôt lente.

EXIGENCES: E: Même s'il lui faut le plein soleil les endroits trop chauds sont à déconseiller.
S: Un sol riche, profond, fertile et même légèrement calcaire lui est profitable.
H: Préfère les sols frais car il craint la sécheresse et les excès d'humidité.
R: Endroits abrités du fait de sa faible rusticité.
T: Supporte la taille. Celle-ci s'exécute après la floraison.

UTILISATIONS: Utile en goupe ou en isolée, c'est aussi une plante qui convient à la plantation dans les rues et les parcs car elle ne produit pas de fruits.

Aesculus hippocastanum

MARRONNIER D'INDE — Marronnier blanc —
Châtaignier des chevaux — Bois de Spa
Common Horsechestnut — European Horsechestnut

ZQ: C- / F / G
ZC: 4b

DESCRIPTION: H: 20 m L: 12 m
Arbre à cime ovoïde, large à maturité.
Tronc à écorce grisâtre, d'abord lisse puis écailleuse avec l'âge.
Les branches, qui sont grosses et cassantes, supportent des rameaux plus ou moins souples. Les bourgeons, collants en hiver, sont très caractéristiques.
Les feuilles sont découpées en 7 palmes dont les nervures sont très apparentes. Feuillage dense, à texture grossière, apparaissant tôt au printemps et donnant un bel ombrage.
Le feuillage vert foncé devient jaune d'or à l'automne.
Les fleurs sont regroupées en grappes érigées. Elles sont blanches avec un centre rouge éclatant. La floraison est abondante et très décorative en mai.
Fruits nombreux, globuleux, laissant échapper de gros «marrons d'Inde» bruns.
Racines descendantes ramifiées.
Croissance moyenne.

EXIGENCES: E: Demande le plein soleil mais on évitera les expositions trop chaudes.
S: Un sol riche, profond et fertile permet une meilleure croissance. Supporte aussi un sol un peu calcaire.
H: Craint la sécheresse qui peut faire jaunir le feuillage durant l'été.
R: Moyennement rustique cet arbre sera implanté dans des endroits protégés. Supporte plus ou moins la pollution.
T: Supporte la taille qui se fait après la floraison.

UTILISATIONS: C'est une excellente plante à utiliser en isolée. Elle peut aussi convenir en groupe dans les grands espaces. Les fruits étant gros et durs on évitera de l'utiliser sur les rues et dans les parcs publics.

Alnus glutinosa

AULNE EUROPÉEN — Aulne commun
Black Alder — Common Alder

ZQ: C- / D- / E / F / G
ZC: 4

DESCRIPTION: H: 6 m L: 4 m

Arbre de petite dimension, à tronc droit unique ou multiple, de forme ovoïde à pyramidale.
Écorce noirâtre, très écailleuse. Les jeunes pousses sont visqueuses.
Feuilles ovales à arrondies, vert clair au printemps devenant vert très foncé en été.
Fleurs sous forme de chatons, mâles et femelles, de couleur dorée, avant les feuilles.
Fruits en forme de cônes pendants, brun-noir, apparaissant à l'automne et persistant en hiver.
Racines très traçantes, superficielles et portant des nodosités.
Croissance rapide.

EXIGENCES: E: Demande le plein soleil ou l'ombre.
S: Indifférent quant au type de sol, il s'adapte à tous, même les très pauvres.
H: Pousse à l'état naturel dans les terrains détrempés et marécageux. Un sol très humide lui est donc indispensable.
R: Rustique, il est très performant dans les climats frais.
T: On doit éviter de trop tailler cette plante, sinon elle prendra la forme d'un buisson.

UTILISATIONS: Excellente plante pour la naturalisation notamment dans les endroits difficiles et très humides.

Alnus glutinosa 'Incisa'
AULNE EUROPÉEN INCISÉ
Incisa Black Alder

ZQ: C- / D- / E- / F / G

ZC: 4b

DESCRIPTION: H: 6 m L: 4 m
Petit arbre au port plutôt pyramidal.
Tronc droit, portant un axe central qui supporte une ramure légère, plus ou moins perpendiculaire.
Feuilles entières, profondément découpées avec des lobes étroits.
Feuillage à texture fine donnant une ombre légère.
Feuilles d'abord vert clair devenant vert foncé l'été.
Racines très traçantes, superficielles.
Croissance moyenne.

EXIGENCES: E: Aussi bien à l'ombre qu'au plein soleil.
S: Supporte tous les types de sols, mêmes ceux qui sont très pauvres.
H: Ses zones de croissance sont le bord des cours d'eau et les terrains marécageux; on les plantera donc dans les terres humides.
R: Rustique.
T: Peu utilisée.

UTILISATIONS: Son feuillage léger en fait un arbre très décoratif en isolé.
Idéal pour les terrains humides.

* *Amelanchier canadensis* (sur tige)
AMÉLANCHIER DU CANADA
Shadblow — Shadblow Serviceberry
Downy Serviceberry — Juneberry

ZQ: A- / B / C / D / E / F / G
ZC: 2b

DESCRIPTION: H: 7 m L: 4 m
Ce petit arbre est, dans son état naturel, un arbuste. Les pépiniéristes l'offrent cultivé sur une petite tige unique où il devient un arbre. Son port est alors étroit.
Tronc à écorce grise aux branches semi-érigées.
Les jeunes feuilles sont gris argent et recouvertes de petits poils. Ces poils tombent et les feuilles prennent leur teinte vert foncé qui tourne au jaune orangé à l'automne. Le feuillage, d'aspect léger, est dense.
Floraison blanche, tôt au printemps, avant les feuilles, de courte durée mais très spectaculaire.
En été, fruits pourpres très décoratifs.
Racines fibreuses étendues, peu profondes.
Croissance moyenne à rapide.

EXIGENCES: E: Le plein soleil et la mi-ombre lui conviennent bien.
S: S'adapte à tous les sols mais il faut éviter les sols trop calcaires.
H: Préfère les sols légèrement humides et bien drainés.
R: Très rustique, convient à tous les endroits. Sensible à la pollution.
T: Supporte la taille qui se fera après la floraison.

UTILISATIONS: Ce petit arbre convient parfaitement pour l'aménagement paysager des petits terrains. Sa floraison, sa fructification et sa couleur automnale en font une plante très intéressante. On l'utilisera de préférence en isolé.

* **Amelanchier laevis** (sur tige)
AMÉLANCHIER GLABRE
Allegheny Serviceberry

ZQ: A- / B- / C / D- / E / F / G
ZC: 3b

DESCRIPTION: H: 8 m L: 6 m
Petit arbre de forme ronde à ovoïde.
Parfois un arbuste il est aussi cultivé sur un tronc court, droit, à écorce grisâtre, portant des branches érigées, légèrement tordues.
Feuilles simples, obovales, rougeâtres au printemps, bleu grisâtre en été et rouge orangé à l'automne.
Petites fleurs regroupées en grappes érigées blanches, nombreuses, avant les feuilles.
Fruits sous forme de baies rouges puis pourpre foncé en juin.
Racines étendues, fibreuses.
Croissance moyenne.

EXIGENCES: E: Supporte l'ombre mais croît aussi à la lumière.
S: Préfère un sol léger, légèrement acide.
H: Un terrain frais mais bien drainé lui est indispensable.
R: Bonne rusticité mais sensible à la pollution.
T: Supporte la taille qui intervient après la floraison.

UTILISATIONS: C'est une plante intéressante pour les petits jardins et les endroits exigus. À utiliser en isolée.

Betula albo sinensis septentrionalis

BOULEAU ALBO SINENSIS — Bouleau blanc de Chine
White Chinese Birch — Chinese Birch

ZQ: G
ZC: 5b

DESCRIPTION: H: 20 m L: 13 m
Arbre à cime ronde.
Tronc portant une écorce brun orangé ou orange jaunâtre.
Avec l'âge cette écorce se détache en fines lamelles.
Feuilles petites, ovales, pointues au bout, duveteuses entre les nervures. Feuilles vert jaunâtre dessus et vert clair dessous. À l'automne le feuillage tourne au jaune doré.
Fleurs blanches tôt au printemps, sous forme de chatons.
Racines traçantes.
Croissance moyenne.

EXIGENCES: E: Le plein soleil ou la mi-ombre.
S: Demande un sol profond, légèrement acide.
H: Préfère un sol humide, bien drainé, mais supporte la sécheresse.
R: Rustique, doit cependant être protégé des vents d'hiver.
T: Peu utilisée.

UTILISATIONS: Plante très intéressante à utiliser en isolée dans les endroits abrités.

* *Betula lenta*

BOULEAU FLEXIBLE — Merisier rouge —
Bouleau merisier
Cherry Birch — Sweet Birch

ZQ: F- / G
ZC: 4b

DESCRIPTION: H: 20 m L: 12 m
Gros arbre au port dressé, régulier qui s'arrondit avec l'âge.
Tronc à écorce brun rougeâtre, lisse à l'état jeune, puis se fendillant par plaques avec l'âge. Cette écorce est arômatique.
Feuilles cordiformes, allongées, vert foncé luisant dessus, pâles au revers. Lorsque les feuilles sont jeunes elles ont des poils soyeux dessous. À l'automne, le feuillage prend une coloration jaune d'or.
Floraison printanière sous forme de chatons mâles et femelles donnant des fruits en août.
Racines étalées latéralement et profondes.
Croissance lente.

EXIGENCES: E: Demande le plein soleil mais supporte la mi-ombre.
S: Un sol riche, acide et ne se réchauffant pas trop vite est idéal.
H: Préfère une humidité moyenne du sol avec un bon drainage. Tolère les périodes de sécheresse.
R: Bonne rusticité, mais sensible à la pollution.
T: Pas de taille.

UTILISATIONS: Cet arbre est intéressant à utiliser dans les grands espaces et pour la naturalisation.

Betula nigra

BOULEAU NOIR
River Birch — Red Birch

ZQ: E- / F / G
ZC: 4

DESCRIPTION: H: 15 m L: 10 m
Arbre au port pyramidal devenant ovoïde avec l'âge. On le retrouve aussi en talle à l'état spontané.
Le tronc porte une belle écorce brun rougeâtre qui se détache en lambeaux.
Branches ascendantes dont le bout des rameaux est légèrement retombant.
Feuilles triangulaires, pointues au bout, vert brillant dessus, glauques dessous, devenant jaunes à l'automne.
Fleurs en chatons allongés donnant des fruits en juin.
Enracinement superficiel largement étendu.
Pousse plutôt lente.

EXIGENCES: E: Doit absolument être planté en plein soleil.
S: S'adapte bien à toutes les conditions. Préfère un sol légèrement acide.
H: Sa croissance n'est pas affectée par un terrain très humide, mais il peut aussi supporter des périodes de sécheresse.
R: Bonne rusticité, mais sensible à la pollution.
T: Peu utilisée.

UTILISATIONS: Excellente plante en isolée dans les terrains humides. Utile aussi dans les parcs et les terrains de grandes dimensions.

* *Betula papyrifera*

BOULEAU À PAPIER — Bouleau à canoë —
Bouleau blanc
Paper Birch — Canoe Birch — White Birch

ZQ: A / B / C / D / E / F / G
ZC: 2

DESCRIPTION: H: 18 m L: 10 m
Arbre au port plutôt pyramidal quand il est jeune; deve-
nant large, arrondi et irrégulier, avec l'âge.
Tronc simple ou multiple suivant le cas. Écorce blanche
à maturité s'enlevant en feuilles horizontales.
Branches ascendantes aux rameaux légèrement pen-
dants, rougeâtres au début de la croissance.
Feuillage fin et léger, vert, virant au jaune à l'automne.
Au printemps, fleurs en chatons suivies à la fin de l'été
par des fruits pendants en forme de cônes.
Racines latérales grossières, profondes et peu nom-
breuses.
Croissance moyenne.

EXIGENCES: E: Un endroit ensoleillé est indispensable pour une
croissance maximale.
S: Les terres sablonneuses, légèrement acides lui sont
favorables mais il peut aussi croître dans des sols plus
lourds et légèrement calcaires.
H: Éviter les sols trop humides. Préfère un sol bien
drainé.
R: Très rustique, sensible à la pollution. La transplantation des sujets âgés est difficile.
T: Uniquement pour la formation.

UTILISATIONS: On peut l'utiliser en tronc unique ou en talle, en isolé.
En groupe il peut être associé avec des conifères. C'est
aussi une excellente plante pour la naturalisation.

Betula pendula — *Betula verrucosa* — *Betula alba*
BOULEAU EUROPÉEN — Bouleau blanc d'Europe —
Bouleau verruqueux — Bouleau commun
European White Birch — European Birch — Silver Birch

ZQ: A / B / C / D / E / F / G
ZC: 2

DESCRIPTION: H: 18 m L: 10 m
Arbre au port érigé, oblong et étroit.
Tronc à écorce blanc argenté, lisse quand la plante est jeune, où par la suite apparaissent des crevasses noires. Les branches, ascendantes portent des rameaux fins qui retombent partiellement, ce qui donne à la plante un aspect légèrement pleureur. Les rameaux portent de petites verrues blanchâtres d'où le nom de verrucosa. Les feuilles dentées, en forme de losange, sont vert clair au printemps puis passent au vert foncé luisant à l'été pour virer au jaune à l'automne.
Fleurs en chatons pendants, bruns, au printemps. Ils donnent des fruits en forme de cône en septembre.
Enracinement traçant, peu développé.

EXIGENCES: E: Le plein soleil est préférable.
S: S'adapte à tous les sols, mêmes calcaires ou pauvres mais préfère un sol sablonneux au pH neutre.
H: Préfère les endroits plutôt secs, bien drainé mais il peut s'adapter aussi à des endroits humides.
R: Plante très rustique. Sensible à la mineuse et aux pucerons.
T: La taille est peu utilisée. Si elle doit intervenir on l'exécutera à l'été ou à l'automne.

UTILISATIONS: C'est une bonne plante à isoler. Utile aussi en groupe ou en association avec d'autres conifères.

Betula pendula 'Fastigiata'
BOULEAU FASTIGIER — Bouleau européen fastigier —
Bouleau colonnaire
Columnar European Birch

ZQ: A / B / C / D / E / F / G
ZC: 2

DESCRIPTION: H: 12 m L: 4 m
Arbre au port en colonne plus ou moins étroite.
Tronc à écorce blanche s'enlevant par plaques, portant
des branches érigées, commençant très près du sol. Les
branches, tordues, portent des rameaux très légèrement
pendants.
Feuilles simples, vert très foncé devenant jaunes à
l'automne.
Floraison en chatons au printemps, qui donne des fruits
par la suite.
Enracinement traçant, peu développé.
Croissance moyenne.

EXIGENCES: E: Demande le plein soleil.
S: Préfère un sol léger, au pH neutre mais s'adapte bien
à tous les types.
H: À planter de préférence dans les endroits secs et bien
drainés.
R: Plante rustique sensible à la mineuse.
T: Pas utilisée.

UTILISATIONS: Plante très décorative en isolée dans les petits espaces.
En hiver la charpente de cet arbre est très attrayante.

Betula pendula 'Gracilis' — ***Betula pendula*** 'Laciniata'
BOULEAU PLEUREUR LACINIÉ — Bouleau blanc pleureur
Cut Leaf Weeping Birch

ZQ: A / B / C / D / E / F / G
ZC: 2b

DESCRIPTION: H: 10 m L: 9 m
Arbre à cime arrondie, irrégulière et au port semi-pleureur.
Tronc droit à écorce crevassée, blanc argenté à maturité.
Branches ascendantes, placées dans tous les sens et dont les rameaux terminaux sont retombants.
Feuilles profondément et finement découpées dont l'extrémité de chaque lobe est très pointue. Feuillage très léger, vert devenant jaune à l'automne.
Floraison printanière sous forme de chatons devenant des fruits en septembre.
Racines traçantes, peu nombreuses.
Croissance moyenne.

EXIGENCES: E: Doit absolument être planté en plein soleil.
S: Supporte tous les sols même pauvres, mais préfère un sol sablonneux ou rocheux.
H: Préfère un sol plutôt sec.
R: Rustique mais craint la mineuse.
T: Peu utilisée. Pour la formation seulement.

UTILISATIONS: Cet arbre est très décoratif et il trouve sa place en isolé sur une pelouse.

Betula pendula 'Purpurea'
BOULEAU EUROPÉEN À FEUILLES POURPRES —
Bouleau pourpre
Purple Leaf Birch

ZQ: A- / B- / C / D / E / F / G
ZC: 3

DESCRIPTION: H: 10 m L: 6 m
Arbre au port ovoïde.
Tronc plus ou moins droit, à écorce blanc argenté cre-
vassée avec l'âge. Branches érigées portant des rameaux
partiellement retombants.
Feuilles simples, en forme de losange, pourpre foncé au
début de la saison, tournant au vert-bronze à l'été et rou-
gissant à l'automne. Feuillage peu dense.
Floraison sous forme de chatons donnant des fruits par
la suite.
Racines peu nombreuses, traçantes.
Croissance plutôt lente.

EXIGENCES: E: Le plein soleil est indispensable pour obtenir la cou-
leur pourpre intense.
S: Affectionne les sols sablonneux légers, au pH neutre.
H: Les endroits plutôt secs sont préférables.
R: Bonne rusticité.
T: Peu utilisée. Pour la formation uniquement.

UTILISATIONS: Peut être utilisé en isolé mais aussi en association avec
d'autres arbres ou des conifères de teintes claires.

Betula pendula 'Tristis'

BOULEAU EUROPÉEN TRISTIS — Bouleau triste
Tristis European White Birch — Slender Birch

ZQ: A / B / C / D / E / F / G
ZC: 2

DESCRIPTION: H: 10 m L: 10 m
Arbre au port arrondi, large, diffus et irrégulier.
Tronc droit, à écorce blanc argent, portant une ou des
flèches semi-verticales. Les branches latérales sont
d'abord horizontales pour s'infléchir et devenir pendan-
tes à leurs extrémités. Les rameaux sont très souples et
pleurent jusqu'à terre pour les branches basses.
Feuilles en losanges, dentées, vert brillant virant au
jaune à l'automne.
Fleurs en chatons suivies par des fruits.
Racines traçantes peu nombreuses.
Croissance moyenne à rapide.

EXIGENCES: E: Réclame le plein soleil.
S: Préfère un sol sablonneux au pH neutre.
H: Les sols plutôt secs lui sont profitables.
R: Bonne rusticité mais sensible à la mineuse.
T: Utilisé seulement pour la formation. Quand la plante
est jeune le tuteurage est indispensable pour donner
une belle plante.

UTILISATIONS: Il faut réserver à cette plante un emplacement de choix
en isolée.

Betula pendula 'Youngii'
BOULEAU PLEUREUR — Bouleau de Young — Bouleau
pleureur de Young
Young's Weeping Birch

ZQ: A / B / C / D / E / F / G

ZQ: 2b

DESCRIPTION: H: 4 m L: 6 m
Petit arbre à un port nettement pleureur.
La tête arrondie, en forme de parasol, greffée sur un
tronc droit à écorce blanche.
Les branches s'étalent horizontalement et portent des
rameaux fins qui retombent jusqu'au sol.
Il arrive que cette plante soit greffée au ras du sol, ce
qui fait alors d'elle un couvre-sol.
Le feuillage est fin, dense, vert clair et vire au jaune à
l'automne.
Enracinement plutôt traçant avec peu de racines.
Croissance moyenne.

EXIGENCES: E: Le plein soleil est indispensable.
S: S'accommode de tous les sols.
H: Un terrain sec, bien drainé lui est favorable.
R: Bonne rusticité. Transplantation en motte préférable.
T: Utiliser principalement pour la formation.

UTILISATIONS: Cet arbre, intéressant dans les petits jardins doit absolument être utilisé en isolé. Il convient bien aussi sur
le bord des bassins ou des ruisseaux.

* *Betula populifolia*
BOULEAU À FEUILLES DE PEUPLIER — Bouleau
rouge — Bouleau gris
Gray Birch

ZQ: E / F / G
ZC: 3

DESCRIPTION: H: 10 m L: 5 m
Petit arbre au port colonnaire, irrégulier.
Tronc à écorce blanche, lisse, tachetée de noir à la nais-
sance des branches. L'axe principal porte des branches
plus ou moins horizontales avec des rameaux très légè-
rement pleureurs.
Feuilles presque triangulaires, longuement pointues,
découpées sur les bords. Feuillage léger et fin, vert pâle
brillant prenant une coloration automnale jaune pâle.
Floraison sous forme de chatons mâles et femelles jaune
verdâtre.
Fruits apparaissant en septembre.
Racines superficielles s'étendant largement.
Pousse moyenne à lente.

EXIGENCES: E: Ne supporte ni l'ombre ni la mi-ombre.
S: Supporte les sols les plus pauvres mais sa préférence
va aux endroits sablonneux au pH neutre.
H: Demande un terrain tout au moins bien drainé.
R: Plante rustique, difficile à transplanter et sensible à
la pollution.
T: Utiliser principalement pour la forme.

UTILISATIONS: Lorsque cette plante pousse naturellement en talle elle
forme de très beaux massifs. Elle convient bien pour la
naturalisation.

Caragana arborescens 'Lorbergii' (sur tige)
CARAGANA LORBERGII — Caragana Lorberg
Cut Leaf Pea Shrub

ZQ: A- / B- / C / D / E / F / G
ZC: 2

DESCRIPTION: H: 3 m L: 1,20 m
Ce petit arbre est généralement un arbuste mais ici il est greffé sur une tige de 1,20 m à 1,80 m de haut.
Le port de la plante est arrondi, très ouvert, plus ou moins régulier.
Le tronc, plus ou moins droit, porte une écorce verdâtre.
Les branches qui sont érigées portent des rameaux horizontaux ou semi-pleureurs.
Feuilles composées de folioles petites, étroites et linéaires.
Le feuillage, vert pâle, ressemble à celui des asperges et donne à la plante un aspect très léger.
Fleurs jaunes, abondantes en mai-juin.
Les fruits apparaissent sous forme de gousses.
Racines longues peu ramifiées.
Pousse moyenne.

EXIGENCES: E: S'il préfère généralement le plein soleil, cet arbre peut aussi être planté à la mi-ombre.
S: S'adapte bien à tous les types de sols, même calcaires. Toutefois il croît mieux dans un terrain profond et fertile.
H: Bien qu'elle soit résistante à la sécheresse, cette plante préfère un sol frais.
R: Très rustique.
T: Peut être taillé sévèrement après la floraison.

UTILISATIONS: Cette plante prendra toute sa valeur en isolée. On pourra aussi l'utiliser dans les grandes rocailles.

Caragana arborescens 'Pendula' (sur tige)
CARAGANA PLEUREUR — Caraganica pleureur
Weeping Pea Shrub

ZQ: A- / B- / C / D / E / F / G
ZC: 2

DESCRIPTION: H: 3 m L: 2 m
Habituellement un arbuste, il est ici greffé sur une tige de 1,20 m à 1,80 m de haut.
Son port est nettement pleureur.
Le tronc, à écorce verdâtre, porte de fortes branches et des rameaux qui retombent jusqu'à terre.
Feuilles caduques, composées, vert clair.
Fleurs jaune pâle en mai.
Fructification sous forme de gousses.
Racines longues, peu ramifiées.
Pousse moyenne.

EXIGENCES: E: Demande une exposition ensoleillée mais supporte la mi-ombre.
S: Cette plante obtient sa croissance maximale dans un sol riche et profond. Toutefois elle peut s'accommoder de toutes sortes de sols, même calcaires.
H: Préfère les terrains frais.
R: Très rustique; toutefois il faut protéger la greffe des vents violents durant les premières années.
T: Surtout utilisée pour la formation de la charpente. La taille d'entretien interviendra après la floraison.

UTILISATIONS: C'est principalement en isolée que l'on utilise cette plante. On peut aussi l'utiliser dans les rocailles ou près des bassins, cascades ou ruisseaux.

Caragana arborescens 'Walker' (sur tige) C.O.P.F.
CARAGANA WALKER — Caragana pleureur à feuilles
de fougère — Caragana de Walker
Walker's Weeping Pea Shrub

ZQ: A- / B- / C / D / E / F / G
ZC: 2b

DESCRIPTION: H: 3 m L: 1,50 m
Plante couvre-sol. Cet arbuste est présenté ici comme
un petit arbre greffé sur une tige de 1,20 m à 1,50 m de
haut.
Son port est alors pleureur.
Le tronc, à écorce verdâtre, porte des branches et des
rameaux retombant près de celui-ci jusqu'au sol.
Feuilles composées, étroites, ressemblant à des feuilles
de fougère. Le feuillage est donc très léger, d'un beau
vert clair.
En mai, abondante floraison jaune.
Fructification peu importante.
Enracinement peu ramifié et long.
Croissance lente.

EXIGENCES: E: Si le plein soleil lui est profitable, il résiste aussi à la
mi-ombre.
S: S'adapte à tous les sols, même s'ils sont calcaires.
Toutefois, il préfère les sols fertiles et profonds.
H: Supporte les terrains secs mais préfère ceux qui sont
frais.
R: Très rustique. Toutefois la greffe doit être protégée
durant les premières années.
T: La taille d'entretien se fait après la floraison.

UTILISATIONS: Principalement en isolé mais aussi dans les rocailles.

* Carpinus caroliniana
CHARME DE CAROLINE — Charme d'Amérique —
Bois dur — Bois de fer
American Hornbeam — Blue Beech

ZQ: C- / D- / E- / F / G
ZC: 3b

DESCRIPTION: H: 10 m L: 6 m
Petit arbre à tête ronde, large et régulière.
Tronc souvent tordu, à écorce gris-bleu, lisse. Branches plus ou moins tordues elles aussi, donnant un aspect pittoresque en hiver. Ces branches sont érigées dans le haut et deviennent complètement horizontales vers le bas. Elles portent des rameaux plus ou moins retombants.
Feuilles ovales, allongées, simples et au contour denté.
Le feuillage, vert glauque durant l'été prend une teinte orange foncé écarlate à l'automne.
Au printemps, fleurs en chatons, vert jaunâtre suivies de fruits sous forme d'akènes.
Grosses racines peu nombreuses s'enfonçant profondément.
Pousse lente.

EXIGENCES: E: S'accommode de toutes les situations même celles qui ne sont que partiellement éclairées. Peut croître sous le couvert des arbres.
S: Un sol profond, riche, légèrement acide lui convient bien.
H: Supporte la sécheresse mais il préfère les terrains humides. Difficile à transplanter.
R: Bonne rusticité. Sensible à la pollution.
T: Supporte plus ou moins bien la taille.

UTILISATIONS: C'est une plante qui a beaucoup d'intérêt pour les situations ombragées. On l'utilisera aussi pour la naturalisation.

* *Carya cordiformis*

CARYER CORDIFORME — Caryer à noix amères —
Caryer dur — Noyer des marais — Noyer amer
Bitternut Hickory — Water Hickory

ZQ: F / G
ZC: 4a

DESCRIPTION: H: 25 m L: 22 m
Arbre au port en forme de globe, large.
Tronc droit à écorce grise et lisse jeune, devenant écailleuse avec l'âge. Les branches du haut sont montantes,
placées irrégulièrement, celles du bas sont retombantes
ce qui donne une allure pittoresque en hiver.
Feuilles composées de 7 à 11 folioles lancéolées larges
et pointues. Feuillage léger, vert jaune luisant au prin-
temps; jaune verdâtre plus foncé et paille à l'automne.
Fleurs en chatons jaunâtres en mai.
En septembre, noix brunes amères, non comestibles, et
contenues dans une écorce verdâtre.
Racines faites d'un gros pivot central non ramifié.
Croissance lente à moyenne.

EXIGENCES: E: Supporte une ombre légère et pousse même dans les
sous-bois.
S: Demande une terre profonde, fertile, légèrement
acide à calcaire.
H: Demande un sol humide mais bien drainé.
R: Rustique. Sensible à la pollution. La transplantation
étant difficile, il faut planter de jeunes arbres ou des
plantes en pots.
T: Peu utilisée.

UTILISATIONS: Généralement dans les grands espaces en isolé ou en
petit groupe. Convient bien à la naturalisation.

Carya glabra

CARYER GLABRE — Caryer à cochons —
Noyer des pourceaux — Noyer à balais
Pignut Hickory

ZQ: F- / G
ZC: 5a

DESCRIPTION: H: 25 m L: 12 m
Arbre au port allongé, irrégulier.
Tronc droit à écorce gris foncé se crevassant avec l'âge.
Les branches sont courtes, érigées dans le haut et retombantes vers le bas.
Feuilles composées de 7 folioles de forme allongée, large.
Feuillage vert clair dessus, plus pâle dessous, devenant jaune à l'automne.
Fleurs printanières en chatons jaunâtres.
Fruits en forme de noix allongées ressemblant à une poire. Elles sont enfermées dans une écorce verdâtre et mûrissent en septembre, octobre.
Racines pivotantes peu nombreuses.
Croissance lente.

EXIGENCES: E: Indifféremment au soleil ou à la mi-ombre.
S: Préfère une terre riche, profonde, légèrement acide à neutre.
H: Un sol bien drainé lui est favorable.
R: Peu rustique, doit être planté en situation abritée. Sensible à la pollution. Transplantation difficile.
T: Peu utilisée.

UTILISATIONS: En isolé ou en groupe dans les grands espaces.

* *Carya ovata*

CARYER OVALE — Caryer à noix douces — Noyer tendre — Arbre à noix piquées — Noyer blanc d'Amérique
Shagbark Hickory

ZQ: F / G
ZC: 4b

DESCRIPTION: H: 25 m L: 12 m
Arbre au port ovoïde irrégulier.
Tronc droit, écorce grise et lisse jeune, qui avec l'âge devient gris clair et qui s'enlève en morceaux minces et étroits. Branches courtes semi-érigées à étalées, retombantes vers le bas.
Feuilles composées à 5 folioles allongées, larges, pointues au bout.
Fleurs en mai sous forme de chatons jaunâtres.
Les fruits sont des noix comestibles brun clair dans une écorce brun-rouge, lisse, devenant noire en septembre.
Racines en pivot central peu ramifiées.
Croissance très lente.

EXIGENCES: E: S'adapte à la mi-ombre.
S: Une terre riche, profonde, légèrement acide lui convient. S'adapte bien aussi aux sols pierreux.
H: Demande un sol humide mais bien drainé.
R: Rustique. Sensible à la pollution. De transplantation difficile, on ne plante que de jeunes sujets.
T: Peu utilisée.

UTILISATIONS: On utilise cet arbre dans les grands espaces en isolé. utile aussi pour la naturalisation.

Catalpa bignonioides 'Nana'
CATALPA PARASOL — Catalpa boule
Umbrella Catalpa

ZQ: G
ZC: 5b

DESCRIPTION: H: 5 m L: 3 m
Il ne faut pas confondre cette plante avec Catalpa bungii qui fleurit et produit des fruits.
Petit arbre à cime ronde, régulière et compacte. Cette plante est greffée en tête sur une tige de 1,50 à 2 m de haut.
Tronc très droit, à écorce brun clair, portant des branches naissant toutes au haut du tronc.
Les feuilles, qui apparaissent tardivement, ont de longs pétioles.
Elles sont grandes, en forme de coeurs, pointues au bout.
Luisantes, vert clair, elles dégagent une odeur désagréable quand on les froisse.
Pas de floraison.
Racines traçantes, superficielles et nombreuses.
Pousse lente.

EXIGENCES: E: Le plein soleil lui est indispensable.
S: Cette plante demande un sol profond, fertile et se réchauffant facilement. Supporte les terrains légèrement calcaires.
H: Affectionne les sols toujours frais mais craint les excès et la sécheresse.
R: Peu rustique, cette plante demande à être installée dans un endroit protégé des vents d'hiver.
T: Supporte très bien la taille qui doit être effectuée au printemps.

UTILISATIONS: Très utile en isolé dans les petits jardins ou pour les devantures.

Catalpa speciosa
CATALPA DE L'OUEST — Chavanon —
Catalpa Chavanon
Northern Catalpa — Western Catalpa Cigartree

ZQ: F- / G
ZC: 5a

DESCRIPTION: H: 15 m L: 7 m
Arbre à cime conique, élancée, irrégulière, devenant plus large avec l'âge.
Tronc plus ou moins droit, à écorce brun-rouge à gris-brun, fissurée.
Branches semi-érigées partant en tous sens et donnant un aspect original à la ramure.
Les feuilles sont grandes, en forme de coeurs, vert clair et sans odeur lorsqu'on les froisse.
Fleurs regroupées en panicules en juin, juillet. Chaque fleur ressemble à une cloche, elle est blanche, marquée d'une tache jaune et de points rouge-pourpre.
Fruits en longues gousses persistant longtemps en hiver.
Racines épaisses, latérales et peu développées.
Croissance moyenne à rapide.

EXIGENCES: E: Demande le plein soleil et supporte même les endroits très chauds.
S: Préfère un sol fertile, calcaire, mais s'adapte bien même si celui-ci est pauvre.
H: Bien qu'il résiste en terrains secs ou humides on le plante préférablement en sol frais.
R: Sensible à la pollution. Il est peu rustique et un endroit protégé lui sera favorable.
T: Supporte très bien la taille qui intervient tôt au printemps.

UTILISATIONS: C'est une excellente plante pour les parcs et les terrains de jeux. Lorsqu'on l'utilisera comme arbre d'ombrage dans un aménagement paysager résidentiel on lui réservera beaucoup de place.

* *Celtis occidentalis*

MICOCOULIER OCCIDENTAL — Bois inconnu —
Orme bâtard — Micocoulier de Virginie
Common Hackberry — Sugarberry

ZQ: F / G
ZC: 3b

DESCRIPTION: H: 15 m L: 8 m
Arbre au port arrondi, plus ou moins large.
Tronc droit, à écorce rugueuse, grise et portant des verrues liégeuses.
Les branches sont ascendantes, tourmentées, et il arrive
parfois que les rameaux soient retombants.
Les feuilles sont simples, lancéolées au bout et en forme
de coeurs à la base. Feuillage vert clair, lustré, prenant
une teinte jaune d'or à l'automne.
Les fleurs sont verdâtres au printemps et sont suivies
en septembre-octobre par des fruits ronds d'abord rougeâtres puis pourpres et noirs qui persistent en hiver.
Enracinement fait de plusieurs pivots descendant profondément dans le sol.
Croissance moyenne.

EXIGENCES: E: Plein soleil mais supporte une ombre légère.
S: Les sols profonds, riches et calcaires lui sont favora-
bles mais il s'adapte bien à tous les sols.
H: Préfère les terrains humides bien drainés même s'il
résiste en terrains secs.
R: Très bonne rusticité. Bonne résistance à la pollution.
Transplantation en motte.
T: Supporte assez bien la taille qui est surtout utilisée
pour la formation.

UTILISATIONS: C'est un bel arbre d'ombrage qui peut avantageusement
remplacer les Ormes d'Amérique dans les aménage-
ments paysagers. Intéressant pour les grands espaces
et les milieux ouverts, il peut aussi être utile comme
plante d'alignement.

Cercidiphyllum japonicum
ARBRE DE KATSURA
Katsura Tree

ZQ: G
ZC: 5

DESCRIPTION: H: 10 m L: 5 m
Petit arbre au port oblong, plus ou moins large.
Tronc court, branches dressées s'étalant avec l'âge.
Écorce brunâtre devenant brun argenté avec l'âge.
Feuilles simples, petites, rondes, en forme de coeur.
Feuillage dense, pourpre lorsqu'il apparaît, devenant vert bleuâtre foncé brillant dessus, glauque dessous durant l'été et prenant une coloration jaune, rouge, rosâtre, éclatante à l'automne. Le feuillage exhale un parfum de caramel à l'automne.
Floraison peu intéressante donnant des fruits en petites gousses allongées.
Croissance moyenne.

EXIGENCES: E: Supporte le soleil mais un site légèrement ombragé favorise une meilleure coloration automnale.
S: Un sol riche, léger, au pH plutôt acide favorise aussi la coloration d'automne.
H: Préfère les sols humides, sans excès d'eau car il craint les périodes de sécheresse.
R: Peu rustique, il nécessite un endroit protégé.
T: La taille est peu utilisée.

UTILISATIONS: En isolée dans les petits aménagements paysagers; car la coloration de son feuillage retient l'attention. Plante typique pour les jardins de types orientaux.

Cercis canadensis

GAINIER DU CANADA
Eastern Redbud — Redbud

ZQ: G
ZC: 5b

DESCRIPTION: H: 6 m L: 6 m
Arbre de petite dimension à cime arrondie, irrégulière, large.
Tronc plus ou moins droit, à écorce écailleuse, rougeâtre, portant des branches placées irrégulièrement, presque horizontalement.
Feuilles ovales, larges, vert brillant sur le dessus.
Le feuillage léger devient jaune à l'automne.
Fleurs rouge-pourpre en boutons devenant roses, teintées de pourpre quand elles s'ouvrent. Ces fleurs, regroupées par 4 ou 8 sur les tiges, apparaissent avant les feuilles à la fin d'avril.
Les fruits (gousses), apparaissent en octobre.
Racines peu ramifiées. Croissance lente.

EXIGENCES: E: Un site ensoleillé est préférable mais il s'adapte à la mi-ombre.
S: Demande un sol riche, profond, acide ou calcaire.
H: Préfère un sol humide qui doit être bien drainé car il faut éviter les excès d'humidité.
R: Cette plante doit être placée dans une situation abritée des vents dominants car elle est peu rustique. Sensible à la pollution.
T: La taille, peu utilisée, doit être exécutée après la floraison si nécessaire.

UTILISATIONS: Bel arbre à fleurs, il doit de préférence être planté en isolé ou en petit groupe.

Corylus colurna

NOISETIER DE BYZANCE — Noisetier de Constantinople — Noisetier de Turquie — Noisetier en arbre
Turkish Filbert — Turkish Hazel

ZQ: E- / F / G
ZC: 4

DESCRIPTION: H: 10 m L: 4,50 m
Petit arbre au port conique, régulier, étroit, s'élargissant avec l'âge.
Tronc unique, droit, à écorce gris pâle, écailleuse, devenant liégeuse et sillonnée.
Les ramifications sont fortes.
Les jeunes pousses jaunâtres donnent naissance à des feuilles simples, ovales, pointues au bout et en forme de coeur à la base.
Feuillage dense vert foncé, devenant jaune à l'automne.
Floraison printanière sous forme de chatons.
Fruits sous forme de noisettes comestibles.
Racines étalées, peu nombreuses.
Croissance lente.

EXIGENCES: E: Demande du soleil et supporte même les endroits chauds mais s'accommode d'une ombre légère.
S: Peu exigeant, il préfère cependant les sols sains et pas trop acides.
H: Résiste à la sécheresse mais préfère les sols frais.
R: Bonne rusticité. S'adapte bien aux conditions urbaines difficiles.
T: Elle est peu utilisée.

UTILISATIONS: On emploie généralement cet arbre en isolé dans les petits jardins. Il peut aussi être utile comme arbre d'alignement dans les rues étroites.

Cotoneaster adpressus praecox (sur tige)
COTONEASTER PRÉCOCE (SUR TIGE)
Early Creeping Rock Spray Standard

ZQ: G
ZC: 5b

DESCRIPTION: H: 1,50 m L: 0,60 m
C'est généralement un arbuste mais ici, il est greffé sur une tige de 1 m à 1,20 m de haut.
Dans ce cas, c'est un petit arbre, nettement pleureur qui forme un monticule arrondi.
Le tronc droit porte des branches arquées, pendantes jusqu'au sol.
Feuilles simples, petites, ovales, vert foncé luisant dessus, plus pâles dessous. Le feuillage devient rougeâtre à l'automne.
Fleurs roses, petites, en mai.
Fruits en forme de petites boules, rouge vif, très abondantes et très décoratives d'août à novembre.
Racines peu développées.
Croissance lente.

EXIGENCES: E: Préfère les endroits ensoleillés.
S: S'adapte bien à toutes les conditions.
H: Pas d'exigence particulière.
R: Plante peu rustique elle doit être utilisée dans des endroits très abrités et protégés des vents d'hiver.
T: Supporte bien la taille.

UTILISATIONS: C'est une plante qui prend toute sa valeur ornementale en isolée. Peut aussi s'intégrer à une cascade ou à une rocaille.

Crataegus crus-gallii
AUBÉPINE ERGOT DE COQ — Épine
Cockspur Hawthorn

ZQ: A / B / C / D / E / F / G
ZC: 2b

DESCRIPTION: H: 8 m L: 8 m
Petit arbre de forme globulaire, étalé, à cime aplatie.
Tronc court, à écorce gris foncé, s'écaillant avec l'âge,
portant de nombreuses branches horizontales. Sur ces
branches on retrouve des épines longues, rigides, plus
ou moins courbées.
Les feuilles sont simples, ovales, larges et pointues au
sommet. Le feuillage, vert foncé luisant l'été, prend une
coloration automnale orange clair à rouge.
Fleurs réunies en corymbes, blanches, en mai-juin, et
dégagent une odeur que certains trouvent désagréable.
Fruits sous forme de baies rouges, apparaissant en août
et persistant jusqu'en janvier.
Racines pivotantes.
Croissance lente.

EXIGENCES: E: Doit être placé dans des endroits ensoleillés.
S: S'adapte à tous les terrains même s'ils sont calcaires.
H: Préfère les terrains humides, sans excès et supporte
la sécheresse.
R: Très rustique, il résiste bien à la pollution des villes.
T: Supporte la taille qui se fait après la floraison.

UTILISATIONS: On utilise cette plante en isolée, dans les petits jardins.
Il faut faire attention aux épines qui sont dangereuses.

Crataegus (X) ***mordenensis*** 'Snowbird' C.O.P.F.
AUBÉPINE SNOWBIRD
Snowbird Hawthorn

ZQ: F / G
ZC: 3

DESCRIPTION: H: 5 m L: 3 m
Petit arbre à cime arrondie compacte.
Tronc droit, pointant des branches érigées, vigoureuses.
Feuilles simples, vertes, lobées.
Fleurs blanches, doubles, odorantes en mai.
Fruits rouges en septembre.
Racines étalées, peu ramifiées.
Croissance moyenne.

EXIGENCES: E: Le plein soleil est indispensable.
S: Peu exigeant.
H: Préfère les sols frais.
R: Bonne rusticité.
T: Supporte la taille qui se fait après la floraison.

UTILISATIONS: Il faut utiliser cette plante en isolée, notamment dans
les situations difficiles.

Crataegus (X) ***mordenensis*** 'Toba'
AUBÉPINE TOBA
Toba Hawthorn

ZQ: A / B / C / D / E / F / G
ZC: 3b

DESCRIPTION: H: 5 m L: 3 m
Petit arbre élancé, au port plus ou moins arrondi.
Tronc portant de nombreuses branches munies
d'épines courtes et fortes, peu nombreuses.
Feuilles simples, découpées en 5 à 8 lobes.
Feuillage vert luisant devenant rouge cuivré à l'automne.
Fleurs nombreuses, doubles, rose pâle au début de la
floraison tournant au rose foncé au fur et à mesure de
l'avancement des fleurs. La floraison qui a lieu fin mai-
juin est odorante, désagréable pour certains.
Fruits rouges, persistant tout l'hiver.
Racines peu nombreuses.
Croissance moyenne.

EXIGENCES: E: Préfère le plein soleil pour une floraison maximum.
S: Peu exigeant.
H: Préfère les sols humides mais sans excès.
R: Très bonne rusticité. Bonne résistance à la pollution.
T: Surtout utilisée lors de la formation.

UTILISATIONS: À utiliser en isolé ou en petit groupe. Convient aux espaces restreints.

Photo: Jardin botanique de Montréal

87

Crataegus phaenopyrum
AUBÉPINE DE WASHINGTON
Washington Hawthorn

ZQ: G
ZC: 5

DESCRIPTION: H: 6 m L: 4 m
Arbre au port ovoïde à arrondi, irrégulier.
Tronc à écorce grise qui s'écaille, portant de nombreu-
ses branches horizontales et des rameaux pendants.
Épines fines et très pointues.
Feuilles simples, ovales, triangulaires, ayant 3 à 5 lobes
irréguliers, pointus au bout.
Feuillage dense, vert foncé brillant, devenant orange à
rouge l'automne.
Fleurs nombreuses, blanches, en corymbes, vers la
mi-juin.
Fruits en baies rouges en septembre et persistant
jusqu'en février-mars.
Racines pivotantes.
Croissance moyenne à lente.

EXIGENCES: E: Préfère le plein soleil pour une belle floraison.
S: S'adapte à tous les sols, même s'ils sont calcaires.
H: Un sol humide sans excès est préférable mais il sup-
porte la sécheresse.
R: Rustique, mais à implanter dans des endroits proté-
gés. Résistant à la pollution.
T: Utile surtout à la formation.

UTILISATIONS: On utilise principalement cette aupébine en isolée dans
les petits espaces.

Elaeagnus angustifolia (sur tige)
OLIVIER DE BOHÈME (sur tige) — Olivier de Russie
— Chalef à feuilles étroites
Russian Olive

ZQ: A / B / C / D / E / F / G
ZC: 2b

DESCRIPTION: H: 10 m L: 8 m
Petit arbre au port arrondi, large, plus ou moins régulier.
Tronc à écorce brunâtre portant des branches semi-érigées où l'on observe des épines.
Les jeunes rameaux sont argentés.
Feuilles simples, étroites, en forme de lances allongées, vert glauque dessus, argentées dessous.
Fleurs jaunâtres, odorantes en juin.
Fruits en forme d'olives, jaunâtres ou rougeâtres.
Racines peu nombreuses, étalées.
Croissance rapide.

EXIGENCES: E: Doit absolument être planté en plein soleil pour conserver sa coloration.
S: S'adapte à tous les sols, qu'ils soient acides, calcaires, argileux, caillouteux.
H: Préfère les sols secs, il faut donc éviter les excès d'humidité.
R: Très rustique, il résiste assez bien à la pollution.
T: Pour obtenir un petit arbre la taille de formation est nécessaire. Pour la taille d'entretien tailler après la floraison.

UTILISATIONS: On l'utilise surtout en isolé dans les petits jardins. Il peut aussi être utilisé pour contraster avec des conifères ou avec d'autres arbres au feuillage vert.

* *Fagus grandifolia*
HÊTRE À GRANDES FEUILLES — Hêtre américain
American Beech

ZQ: C- / D- / E- / F- / G
ZC: 4

DESCRIPTION: H: 18 m L: 12 m
Grand arbre au port ovoïde, large et régulier.
Tronc à écorce gris argenté, plus ou moins lisse, très décorative.
Branches érigées dans le haut devenant de plus en plus horizontales avec l'âge. Rameaux ondulés, légèrement pleureurs.
Feuilles simples, ovales, plus ou moins allongées. Feuillage vert bleuté pâle à l'été et devenant bronze puis brun, et persistant longtemps, parfois jusqu'en mars, avant de chuter.
Fleurs en boules apparaissant avant les feuilles.
Fruits sous forme de noisettes, comestibles.
Racines superficielles étalées.
Croissance lente.

EXIGENCES: E: S'il supporte le plein soleil, il préfère un endroit mi-ombragé à l'état jeune.
S: On doit éviter absolument les sols calcaires car il ne croît bien que dans les sols acides riches et légers.
H: Un sol frais, bien drainé lui convient.
R: Plante rustique, résistante à la pollution. La transplantation, qui est difficile, doit toujours être faite en motte.
T: Supporte la taille qui se fait au printemps.

UTILISATIONS: Le plus souvent pour la naturalisation mais il peut aussi être employé dans l'aménagement de grands espaces. Très attrayant par l'écorce et le feuillage persistant en hiver.

Forsythia intermedia (sur tige)
FORSYTHIA SUR TIGE — Mimosa de Paris
Border Forsythia Standard

ZQ: G
ZC: 5b

DESCRIPTION: H: 2,50 m L: 1,50 m
Généralement cultivée en arbuste; on retrouve aussi cette plante sous la forme d'un petit arbre greffé sur une tige de 1 m à 1,20 m.
Le port est rond et irrégulier.
Le tronc, plus ou moins droit, supporte des branches érigées aux extrémités retombantes. Elles sont de couleur jaunâtre, brunâtre.
Feuilles simples, ovales, allongées, vertes durant l'été.
Floraison spectaculaire et hâtive faite de fleurs jaune d'or, regroupées par 2 à 6, avant les feuilles.
Racines fibreuses, étalées.
Croissance lente.

EXIGENCES: E: Le plein soleil lui est favorable.
S: Peu exigeant, il s'accommode des sols calcaires mais il préfère les sols fertiles.
H: Préfère les sols frais.
R: Peu rustique, il doit être planté dans un endroit abrité des vents dominants et recevoir une protection d'hiver.
T: Tailler assez sévèrement, tous les ans, juste après la floraison.

UTILISATIONS: En isolé dans les petits jardins où il sera protégé.

* *Fraxinus americana*
FRÊNE BLANC — Frêne d'Amérique
White Ash

ZQ: C- / E- / F- / G
ZC: 3b

DESCRIPTION: H: 20 m L: 12 m
Arbre au port ovoïde, allongé, irrégulier.
Tronc à écorce d'abord grise, lisse et devenant gercée avec l'âge.
Les jeunes branches sont érigées et deviennent de plus en plus pendantes avec l'âge.
Feuilles composées de 7 à 9 folioles, ovales, pointues et dentées.
Feuillage dense, vert foncé dessus et grisâtre dessous.
La coloration automnale est pourpre, bronze à jaune.
Le feuilles apparaissent tardivement et tombent hâtivement.
Les fleurs, en grappes, apparaissent tôt au printemps puis produisent de nombreux fruits sous forme de samares. On ne rencontre les fruits que sur les plantes femelles car, dans cette espèce, on rencontre des plantes mâles et des plantes femelles. Les fruits persistent sur l'arbre une bonne partie de l'hiver.
Enracinement plutôt traçant assez profond.
Croissance moyenne.

EXIGENCES: E: Préfère le plein soleil.
S: Demande un sol profond et riche mais il supporte aussi des conditions difficiles.
H: Un sol toujours légèrement humide mais bien drainé lui est favorable.
R: Bonne rusticité. Résiste bien à l'atmosphère polluée des villes. Transplantation difficile pour les sujets âgés.
T: Utile pour la formation.

UTILISATIONS: On utilise cette plante comme arbre d'alignement mais aussi dans les jardins de grandes dimensions.

Fraxinus americana 'Autumn Purple'
FRÊNE AUTUMN PURPLE
Autumn Purple Ash

ZQ: C- / E- / F- / G
ZC: 3b

DESCRIPTION: H: 16 m L: 7 m
Arbre à cime oblongue, irrégulière.
Tronc droit, à écorce gercée avec l'âge.
Feuilles composées de folioles ovales, pointues et den-
tées. Feuillage fin, vert foncé dessus et grisâtre dessous.
À l'automne le feuillage prend une magnifique couleur
allant du pourpre profond à l'acajou.
Cette plante étant une sélection mâle les fleurs ne pro-
duisent pas de fruits.
Enracinement traçant plutôt profond.
Croissance moyenne.

EXIGENCES: E: Le plein soleil est indispensable pour une belle colo-
ration automnale.
S: Peu exigeant, il préfère un sol riche et profond.
H: Préfère un sol humide bien drainé.
R: Bonne rusticité et bonne résistance aux conditions
urbaines.
T: La taille est utile lors de la formation. Il faut éviter
de tailler la flèche centrale.

UTILISATIONS: On peut utiliser cet arbre en isolé dans les aménagements de bonnes dimensions et notamment dans les
parcs urbains. Peut aussi être utile pour l'alignement.

Fraxinus americana 'Kleinburg' C.O.P.F.
FRÊNE KLEINBURG — Frêne blanc Kleinburg
Kleinburg White Ash

ZQ: C- / E- / F / G
ZC: 4

DESCRIPTION: H: 20 m L: 10 m
Arbre au port érigé, compact, ovale et régulier.
Tronc droit, à écorce grise, lisse, se fissurant avec l'âge.
Branches toujours très droites et érigées.
Feuilles composées de 7 à 9 folioles, ovales et pointues.
Le feuillage vert lustré tourne au jaune et au pourpre
à l'automne.
Enracinement étalé assez profond.
Croissance rapide.

EXIGENCES: E: Doit absolument être planté au plein soleil.
S: Un sol riche et profond lui est favorable. Toutefois
il supporte bien les conditions difficiles.
H: Il a une préférence marquée pour les sols bien
drainés.
R: Assez rustique, il s'accommode assez bien des
endroits pollués.
T: La taille est pratiquement inutile.

UTILISATIONS: Cette plante est intéressante dans les parcs publics,
comme arbre d'alignement dans les rues et dans les aménagements paysagers résidentiels.

Fraxinus americana 'Manitou'
FRÊNE MANITOU — Frêne blanc Manitou
Manitou White Ash

ZQ: C- / E- / F- / G
ZC: 4

DESCRIPTION: H: 12 m L: 5 m
Arbre au port fastigié, irrégulier.
Tronc gris, droit, portant une branche centrale et des branches courtes semi-érigées et étalées.
Feuillage vert dense prenant un belle teinte jaune à pourpre à l'automne.
Feuilles composées à folioles ovales, pointues à l'extrémité.
Racines étalées, assez profondes.
Croissance moyenne à rapide.

EXIGENCES: E: Doit absolument être planté au plein soleil.
S: S'adapte à tous les sols même argileux.
H: Un sol humide et bien drainé est idéal.
R: Assez rustique, il résiste bien à la pollution.
T: La taille est peu utilisée. On évite toujours de tailler la branche centrale.

UTILISATIONS: C'est une excellente plante pour les endroits restreints aussi bien comme arbre de rue que dans les petits aménagement paysagers.

Fraxinus excelsior
FRÊNE D'EUROPE — Frêne commun
European Ash — Common Ash

ZQ: F- / G
ZC: 4b

DESCRIPTION: H: 13 m L: 7 m
Arbre à cime large, plus ou moins arrondie, irrégulière, peu dense.
Tronc droit, pouvant être multiple, à écorce grisâtre, lisse qui devient brune et fendillée avec l'âge. Les jeunes rameaux ont une écorce gris-vert. Les branches, peu nombreuses, se dirigent dans tous les sens.
Feuilles composées de 7 à 11 folioles. Chaque foliole a une forme de lance, pointue au bout. Le feuillage qui apparaît tard est vert foncé durant la saison.
Fleurs en grappes, jaune verdâtre, avant les feuilles.
Fruits sous forme de samares persistant jusqu'en automne.
Racines étalées.
Croissance lente.

EXIGENCES: E: C'est une plante de plein soleil.
S: Préfère un sol profond et fertile mais s'adapte à des conditions difficiles et même au calcaire.
H: Les endroits frais lui sont favorables.
R: Peu rustique, doit être planté dans des situations protégées.
T: Supporte difficilement la taille.

UTILISATIONS: C'est une bonne plante à utiliser en association dans les jardins.

Fraxinus excelsior 'Kimberley' ou 'Kimberley Blue'
FRÊNE KIMBERLY
Kimberly Ash

ZQ: F- / G
ZC: 4b

DESCRIPTION: H: 15 m L: 6 m
Cet arbre a d'abord un port pyramidal puis, au fur et à mesure de la croissance, la cime s'ouvre pour devenir arrondie plus ou moins régulièrement.
Tronc droit, à écorce grisâtre, portant des branches semi-érigées à écorce jaunâtre et à gros bourgeons noirs durant l'hiver.
Feuilles composées de 7 à 11 folioles, plus petites que chez l'espèce, vert clair.
Pas de fructification.
Croissance moyenne.

EXIGENCES: E: Demande le plein soleil.
S: S'adapte à tous les sols.
H: Préfère les sols humides mais sans excès.
R: Rustique, devrait être planté en situation protégée.
T: Peu utilisée.

UTILISATIONS: Cette plante peut être utilisée dans les aménagements paysagers comme arbre d'ombrage.

Fraxinus excelsior 'Pendula'
FRÊNE PLEUREUR — Frêne d'Europe pleureur
Weeping European Ash

ZQ: F- / G
ZC: 4b

DESCRIPTION: H: 4 m L: 4 m
Arbre au port naturellement pleureur.
Un tronc droit, à écorce grise, porte des branches d'abord étalées puis retombant jusqu'à terre. Les rameaux eux aussi sont retombants, ce qui arrive à former, avec l'âge, une vaste et épaisse tonnelle.
Feuilles composées de 7 à 11 folioles, grandes et d'un beau vert.
Floraison avant les feuilles donnant une fructification sous forme des samares.
Système radiculaire étalé, plus ou moins profond.
Croissance moyenne.

EXIGENCES: E: Même si cette plante supporte une ombre légère, on préférera un site ensoleillé.
S: S'adapte à tous les sols mais préfère un sol fertile et profond.
H: S'il préfère un sol frais et qu'il résiste bien aux excès d'eau passagers, il supporte mal la sécheresse.
R: Cet arbre doit être planté dans une situation protégée des froids hivernaux.
T: Utiliser pour la formation seulement.

UTILISATIONS: C'est une très belle plante à utiliser en isolée, notamment près d'une pièce d'eau.

Fraxinus excelsior 'Westhof's Glorie'
FRÊNE WESTHOF'S GLORIE — Frêne blanc Westhof
Seedless European Ash

ZQ: F- / G
ZC: 5

DESCRIPTION: H: 12 m L: 12 m
Arbre à cime d'abord allongée devenant plus large, arrondie, avec l'âge.
Tronc droit, gris, portant des branches s'étalant avec l'âge. Les jeunes branches sont verdâtres et deviennent brun foncé au milieu de la saison.
Feuilles composées de 9 à 11 folioles, vert foncé, ne prenant pas de couleur à l'automne.
Ne produit aucun fruit.
Racines étalées.
Croissance moyenne à rapide.

EXIGENCES: E: Le plein soleil est idéal.
S: Préfère un sol fertile et profond même s'il s'adapte à des conditions difficiles.
H: Préfère un sol frais avec des excès passagers. Éviter la sécheresse.
R: Plante à utiliser en milieu protégé.
T: Peu utile. Utile seulement pour la formation.

UTILISATIONS: Plante intéressante en alignement dans les rues car elle ne produit pas de fruits.

Fraxinus nigra 'Fall Gold' C.O.P.F.
FRÊNE NOIR FALL GOLD
Fall Gold Black Ash

ZQ: A- / B / C / D / E / F / G
ZC: 2b

DESCRIPTION: H: 20 m L: 12 m
Arbre à cime parfois allongée, parfois large, le plus souvent oblongue.
Tronc droit à écorce grise à petites écailles.
Branches érigées puis étalées portant des rameaux cylindriques et lisses avec des bourgeons d'hiver brun foncé.
Feuilles composées de 7 à 13 folioles, oblongues et pointues.
Feuillage vert foncé dessus et plus clair dessous. Le feuillage prend, à l'automne, une belle teinte jaune d'or vif qui persiste assez longtemps.
Fleurs mâles ne donnant pas de fruits.
Enracinement étendu, peu profond.
Croissance moyenne à rapide.

EXIGENCES: E: Demande absolument le plein soleil.
S: Un sol acide, comme les tourbières, lui est favorable. Le pH minimum est 6,5.
H: Cette plante supporte très bien les endroits humides et peut convenir aux endroits inondés au printemps.
R: Très rustique et résistant à la pollution.
T: Rarement utilisée.

UTILISATIONS: C'est un arbre de grande qualité pour l'alignement dans les régions froides. Il peut aussi convenir en groupe, en isolé ou pour la naturalisation dans les situations difficiles.

* Fraxinus pennsylvanica
FRÊNE ROUGE — Frêne de Pennsylvanie
Red Ash

Fraxinus pennsylvanica lanceolata
FRÊNE VERT
Green Ash

DESCRIPTION: H: 25 m L: 9 m
Ces deux types d'arbres sont traités ensemble car la seule différence notable est l'absence chez Fraxinus pennsylvatica lanceolata de duvet sur les jeunes tiges et les jeunes feuilles.
Arbre au port conique, large, irrégulier.
Le tronc droit, à écorce gris-brun légèrement fissurée, porte des branches semi-érigées dans le haut. Vers le bas, les branches d'abord ascendantes s'abaissent ensuite vers le sol pour se redresser à l'extrémité et donner ainsi une silhouette caractéristique.
Grandes feuilles composées de 7 à 9 folioles.
Les folioles en forme de lances sont pointues au bout.
Le feuillage, vert pâle puis vert foncé, devient jaune à l'automne.
Fleurs printanières en panicules apparaissant avant les feuilles.
Les sujets femelles produisent en abondance des fruits qui persistent longtemps en hiver.
Enracinement puissant, étalé, peu profond.
Croissance rapide.

EXIGENCES: E: Demandent le plein soleil.
S: S'adaptent à tous les sols même s'ils sont calcaires et pauvres.
H: S'accommodent très bien des sols secs mais préfèrent les sols humides et bien drainés.
R: Très rustiques, il résistent bien à la pollution et notamment aux sols des routes.
T: La taille est peu utilisée sauf pour la formation. Si elle doit intervenir il faut la faire à l'automne.

UTILISATIONS: Ce sont d'excellentes plantes pour former des brise-vent.
Utiles comme arbres d'ombrage dans les grands espaces; on peut aussi les utiliser en isolés dans les parcs ou en alignement dans des rues très larges.

Fraxinus pennsylvanica lanceolata 'Marshall's Seedless'
FRÊNE VERT MARSHALL
Marshall's Seedless Ash

ZQ: A- / B- / C / D / E / F / G
ZC: 4

DESCRIPTION: H: 15 m L: 10 m
Arbre au port pyramidal, irrégulier.
Tronc droit portant des branches récurvées, donnant un aspect pittoresque en hiver.
Feuilles vert foncé brillant en été, devenant jaunes à l'automne.
Cette plante est, en fait, une sélection mâle du Frêne vert ce qui fait que la floraison printanière ne produit absolument aucun fruit.
Racines étalées peu profondes.
Croissance rapide.

EXIGENCES: E: Le plein soleil est indispensable pour une croissance maximum.
S: Peu exigeant, s'adapte à toutes sortes de conditions.
H: Préfère les sites légèrement humides.
R: Rustique. Résiste à la pollution, au sel des rues et aux maladies.
T: Éviter de tailler les grosses branches.

UTILISATIONS: Du fait qu'il ne produit pas de samares, c'est un arbre intéressant pour l'alignement et l'ombrage.

Fraxinus pennsylvanica lanceolata 'Summit'
FRÊNE SUMMIT
Summit Green Ash

ZQ: C- / D / E- / F / G
ZC: 3b

DESCRIPTION: H: 15 m L: 10 m
Arbre au port pyramidal, régulier.
Tronc très droit, à écorce gris-brun, portant des branches érigées, régulièrement disposées.
Feuilles composées, de 7 à 9 folioles en forme de lances. Feuillage vert brillant donnant une belle teinte jaune à l'automne.
Les feuilles apparaissent plus hâtivement que chez le frêne Marshall's Seedless.
Cette sélection mâle ne produit pas de fruits.
Racines nombreuses, étalées, peu profondes.
Croissance rapide.

EXIGENCES: E: Demande le plein soleil.
S: S'adapte bien à tous les sols même s'ils sont légèrement calcaires.
H: Supporte les sols secs mais préfère une humidité constante.
R: Bonne rusticité. Résiste bien à la pollution.
T: Taille peu utile.

UTILISATIONS: Bonne plante pour les plantations de rue. C'est une plante intéressante pour les aménagements aux dimensions restreintes.

Fraxinus pennsylvanica 'Patmore' C.O.P.F.
FRÊNE PATMORE
Patmore Ash

ZQ: C- / D / E- / F / G
ZC: 3

DESCRIPTION: H: 15 m L: 5 m
Arbre nouvellement introduit, au port plutôt conique, s'élargissant avec l'âge.
Tronc droit à écorce gris-brun portant une branche centrale très forte et des branches érigées disposées régulièrement.
Feuillage vert foncé luisant prenant une belle coloration jaune à l'automne.
Cette sélection mâle ne produit pas de fructification.
Racines étalées, peu profondes.
Croissance rapide.

EXIGENCES: E: Demande le plein soleil.
S: Peu exigeant, il s'adapte bien à toutes sortes de conditions même celles qui sont difficiles.
H: Préfère les terrains humides.
R: Très rustique, il résiste bien aux conditions difficiles des villes.
T: La taille est presque inutile car l'arbre pousse régulièrement de façon naturelle.

UTILISATIONS: Excellente plante d'ombrage ou de rues pour les conditions difficiles.

Ginkgo biloba 'Princeton Sentry'
GINKGO PRINCETON SENTRY
Princeton Sentry Ginkgo

ZQ: G
ZC: 5

DESCRIPTION: H: 12 m L: 3 m
Arbre au port fastigié, étroit.
Tronc droit, gris-brun, portant des branches courtes.
Feuilles en forme d'éventail. Feuillage vert foncé prenant une très belle teinte jaune brillant à l'automne.
Pas de fructification sur cette sélection mâle.
Racines plutôt superficielles.
Croissance lente.

EXIGENCES: E: Un site ensoleillé est profitable à la plante.
S: S'adapte à tous les sols mais préfère les terres légères et profondes.
H: Un sol humide et frais lui convient bien. Résiste à la sécheresse.
R: Peu rustique, il doit être planté en situation protégée. Résiste à la pollution et aux maladies.
T: La taille est utile seulement pour la formation et elle se fait au printemps.

UTILISATIONS: C'est une excellente plante pour les endroits restreints.
Peut aussi être utile en groupe ou en isolée.

Ginkgo biloba

ARBRE AUX QUARANTE ÉCUS — Ginkgo bilobé
Maidenhair Tree

ZQ: F / G
ZC: 4

DESCRIPTION: H: 20 m L: 8 m
Arbre au port conique étroit dans son jeune âge, mais dont la cime devient plus ample avec le temps. Le Ginkgo est une espèce dioïque, c'est-à-dire que certaines plantes ne portent que des fleurs mâles et d'autres que des fleurs femelles. On parle donc d'individus mâles et d'individus femelles. Chez les individus mâles le port est très érigé, chez les individus femelles la cime est plus arrondie. Les rameaux sont courts, lisses et brun clair chez tous les individus. Les feuilles, qui sont caduques, ont la forme d'un éventail divisé en deux lobes. Elles sont disposées de façon éparse sur les rameaux les plus longs, et en bouquets de trois à cinq sur les autres. Le feuillage, vert tendre durant la végétation, prend une belle teinte jaune d'or à la chute des feuilles. Bien entendu, seuls les individus femelles portent des fruits. Ceux-ci ont l'aspect d'une petite prune ronde de couleur jaunâtre et ils dégagent une odeur très désagréable lors de leur décomposition. Racines plutôt superficielles. Croissance lente et très grande longévité.

EXIGENCES: E: Préfère un endroit bien ensoleillé.
S: Peu difficile, cette plante demande toutefois un sol léger et profond.
H: Requiert un endroit humide.
R: Rustique, elle devra être protégée dans les premières années. Bonne résistance à la pollution dans les villes.
T: On utilisera la taille pour former la plante dans son jeune âge. Par la suite on pourra recourir à celle-ci pour équilibrer la charpente. Pour la taille, la période idéale est le printemps.

UTILISATIONS: Dans les endroits où il aura beaucoup de place pour se développer. Dans les parcs des villes, en isolé ou en association avec des arbustes à feuillage persistant. Utile aussi pour les voies publiques plantées d'arbres.

Gleditsia triacanthos inermis

FÉVIER D'AMÉRIQUE SANS ÉPINES — Gleditsia inerme
Thornless Common Honey-Locust — Thornless Sweet Locust

ZQ: F / G
ZC: 4

DESCRIPTION: H: 20 m L: 18 m
Arbre de grande dimension à tronc court et à couronne large, irrégulière, dont le dessus est aplati. Tronc à écorce lisse, brun clair brillant avec des reflets argent, devenant crevassée et brun foncé avec l'âge. Les rameaux sont longs, flexibles, divergents, de couleur brun foncé brillant. Feuilles composées de 26 à 32 petites folioles elliptiques. Feuillage fin, élégant, léger, ressemblant à de la fougère. Le feuillage vert foncé apparaît tard en mai et prend une teinte jaune doré à l'automne. Cette variété ne possède pas d'épines. Fleurs verdâtres donnant des fruits en forme de gousses persistant tout l'hiver. Racines d'abord peu profondes le devenant avec l'âge. Croissance rapide devenant plus modérée avec l'âge.

EXIGENCES: E: Doit absolument être planté au plein soleil.
S: Même s'il préfère un sol fertile, profond et acide à neutre, il supporte des conditions difficiles.
H: Un sol humide et bien drainé lui convient mais il s'accommode de sols secs.
R: Plante rustique; on évitera quand même les situations très venteuses en hiver. Résiste bien à l'atmosphère polluée des villes et au sel des routes.
T: La taille est peu utile, elle est surtout utilisée pour supprimer le bois mort. Tailler à l'automne.

UTILISATIONS: Excellente plante d'ombrage qui peut être utile en groupe ou en isolée. Peut aussi être utilisé comme arbre d'alignement.

Note: Gleditsia peut aussi s'écrire Gleditschia.

Gleditsia triacanthos inermis 'Shademaster'
FÉVIER SHADEMASTER — Févier d'Amérique inerme
Shademaster — Gleditsia Shademaster
Shademaster Honey-Locust

ZQ: F / G
ZC: 4

DESCRIPTION: H: 15 m L: 12 m
Arbre au port globulaire dont le haut de la cime est aplati, large et peu dense.
Tronc droit portant des branches ascendantes.
Feuilles composées de folioles de petites dimensions donnant un feuillage léger qui produit une ombre légère. Les feuilles qui apparaissent tardivement sont d'un beau vert foncé. À l'automne elles virent au jaune et tombent tardivement.
Pas de fructification observée.
Croissance rapide.

EXIGENCES: E: Le plein soleil permet une croissance maximum.
S: Même s'il préfère un sol fertile et profond, il est peu exigeant.
H: Un sol frais même légèrement sec lui convient.
R: Bonne rusticité, mais éviter les sites trop venteux. Pas de maladies ou d'insectes.
T: La taille est utile seulement pour la formation.

UTILISATIONS: C'est un arbre idéal lorsqu'on souhaite, dans un aménagement paysager, créer une ombre légère. Peut être utile en groupe dans les grands espaces ou en isolé.

Gleditsia triacanthos inermis 'Skyline'
FÉVIER SKYLINE — Févier d'Amérique inerme
Skyline
Skyline Honey-Locust

ZQ: F / G
ZC: 4

DESCRIPTION: H: 15 m L: 9 m
Arbre au port érigé, peu large, très irrégulier, presque pyramidal.
Tronc droit à écorce brun-gris, avec un leader central fort et des branches ascendantes partant en tous sens.
Feuilles composées de folioles nombreuses et fines.
Feuillage vert foncé devenant jaune à l'automne.
Très peu de fleurs et de fructification.
Racines latérales profondes.

EXIGENCES: E: Un site ensoleillé est préférable.
S: S'adapte à tous les sols mais préfère un sol fertile et profond.
H: Même s'il supporte les sols secs sa préférence va au terrain humide bien drainé.
R: Rustique sauf dans les endroits très venteux. Pas d'insectes ou de maladies.
T: Supporte bien la taille mais celle-ci est peu utilisée.

UTILISATIONS: Cette plante convient très bien dans les endroits exigus, notamment dans les rues. Elle donne une ombre légère dans les aménagements paysagers de taille modeste.

Gleditsia triacanthos inermis 'Sunburst'
FÉVIER SUNBURST — Févier d'Amérique inerme
Sunburst
Sunburst Honey-Locust

ZQ: F- / G
ZC: 4b

DESCRIPTION: H: 12 m L: 16 m
Arbre de taille moyenne à cime ronde dont la partie supérieure est aplatie et irrégulière.
Tronc à écorce gris-brun portant peu de branches semi-érigées à étalées.
Au début de la feuillaison les pousses sont jaune doré. Par la suite le feuillage devient plus vert mais la plante continue à produire, durant toute la période de croissance, de jeunes pousses jaunâtres qui contrastent avec le reste du feuillage.
Les feuilles sont composées de nombreuses folioles.
Pas de fructification.
Racines latérales profondes.
Croissance moyenne.

EXIGENCES: E: Pour que cet arbre conserve longtemps sa belle couleur jaune, il doit être planté au soleil.
S: Peu exigeant, il préfère un sol fertile et profond.
H: Demande un sol humide, bien drainé mais supporte une sécheresse passagère.
R: Doit absolument être planté dans des endroits protégés des vents d'hiver pour éviter que le bout des rameaux ne gèle.
T: Supporte très bien la taille qui est surtout utilisée lors de la formation.

UTILISATIONS: Très utilisé en aménagement paysager pour son beau feuillage jaune. Une plantation en isolé lui convient parfaitement. Son feuillage produit une ombre légère.

Gymnocladus dioicus
Chicot du Canada

Gymnocladus dioicus
CHICOT DU CANADA — Gros févier — Gymnocladia
Kentucky Coffeetree

ZQ: F- / G
ZC: 5

DESCRIPTION: H: 15 m L: 10 m
Arbre au port arrondi, étroit, plutôt allongé.
Tronc robuste, à écorce gris-brun qui s'exfolie avec l'âge, portant de grosses branches peu nombreuses, plus ou moins divergentes.
Les jeunes rameaux sont gris bleuté.
Feuilles très grandes, composées de très nombreuses folioles ovales.
Lorsqu'elles sont jeunes, les feuilles sont rosées puis elles deviennent vert vif pour prendre une teinte jaune à l'automne.
Feuillage fin et peu dense.
Les fleurs, qui apparaissent seulement sur les sujets âgés, sont regroupées en grappes terminales érigées. Elles sont de couleur blanc verdâtre. Vers le mois d'août elles donnent des fruits sous forme de gousses brun-rouge aplaties qui persistent jusqu'en février.
Durant l'hiver la plante est très décorative car les pétioles des feuilles persistent sur l'arbre qui est peu branchu.
Plusieurs racines pivotantes profondes forment l'enracinement.
Croissance lente.

EXIGENCES: E: Demande absolument le plein soleil.
S: Peu exigeant, il préfère cependant les sols riches et profonds.
H: Préfère les terrains frais qui ne subissent ni sécheresse ni excès d'eau.
R: Rustique; on doit éviter de le planter dans des sites trop venteux. Supporte bien la pollution des villes. De transplantation difficile. Il faut choisir de jeunes sujets, si possible en mottes.
T: Ne se taille pas.

UTILISATIONS: Utiliser en isolé; c'est une plante très décorative l'hiver et que l'on peut intégrer avec succès dans un aménagement paysager.

Hydrangea paniculata 'Grandiflora' (sur tige)
HYDRANGÉE PANICULÉE (sur tige)
Pee-Gee Hydrangea (Standard)

ZQ: A- / B- / C- / D / E / F / G
ZC: 4b

DESCRIPTION: H: 2 m L: 2 m
Petit arbuste greffé sur une tige de 1 m.
Cet arbre a un port arrondi, régulier.
D'abord érigées les branches retombent légèrement quand les fleurs apparaissent.
Feuilles entières, finement dentées, vert clair.
Les fleurs apparaissent en août sous forme de panicules blanches qui tournent progressivement au rose pour devenir violacées aux premières gelées. Les fleurs peuvent persister sur la plante tout l'hiver.
Racines épaisses et nombreuses.
Croissance moyenne.

EXIGENCES: E: Demande le plein soleil mais résiste légèrement à la mi-ombre.
S: Un sol fertile, plutôt acide, lui est favorable.
H: Le terrain où il est implanté doit toujours être humide.
R: Moyennement rustique; il faut protéger la greffe durant les premières années.
T: Supporte très bien la taille qui doit intervenir tôt au printemps.

UTILISATIONS: Ce petit arbre a sa place dans les petits aménagements paysagers. On peut l'utiliser dans les rocailles. Peut être intégré dans les massifs ou planté en isolé.

Juglans nigra

NOYER NOIR — Noyer d'Amérique — Noyer noir d'Amérique
Black Walnut

ZQ: E- / F / G
ZC: 3b

DESCRIPTION: H: 25 m L: 20 m
Grand arbre à cime ample, ovoïde et irrégulière. Tronc droit supportant des branches ascendantes devenant étalées avec l'âge. Écorce brun foncé, presque noire, profondément sillonnée. Feuilles composées, très grandes, à folioles ovales, pointues au bout, arrondies à la base. Le feuillage qui donne une ombre épaisse est vert pâle luisant. Fleurs printanières en chatons jaunâtres. Fruits globuleux dont la noix est comestible. Racines pivotantes. Croissance rapide les premières années puis ralentie par la suite.

EXIGENCES: E: Demande le plein soleil.
S: Un sol sain, riche, profond et calcaire lui est profitable. Éviter les sols argileux, sablonneux ou pauvres.
H: Il ne supporte pas les sols secs; on le plante donc dans un sol frais bien drainé.
R: Plutôt rustique, il résiste assez bien à la pollution. Transplanter de jeunes plantes en motte ou en pot car la reprise est difficile.
T: Tailler peu. Si cela est indispensable on le fait toujours à l'automne.

UTILISATIONS: Cette plante très décorative doit être utilisée dans les grands espaces en goupe ou en isolée. C'est aussi une bonne plante pour la naturalisation. Son utilisation en aménagement paysager peut être restreinte par le fait que peu de végétaux, y compris le gazon, poussent sous son couvert.

Juglans regia

NOYER COMMUN
Common Walnut — English Walnut — Persian Walnut

ZQ: F- / G
ZC: 5

DESCRIPTION: H: 15 m L: 12 m
Arbre à cime large, arrondie, irrégulière.
Tronc à écorce gris argenté devenant crevassée avec l'âge. Les branches érigées portent des rameaux lisses.
Feuilles composées aux folioles entières, ovales, légèrement pointues au bout.
Feuillage plus ou moins dense, vert foncé, devenant brunâtre à l'automne.
Fleurs en chatons jaunâtres en avril-mai.
Fruits sous forme de noix comestibles.
Racines pivotantes.
Croissance moyenne à lente.

Note: Il existe une variété *Juglans regia* 'Carpanthian' qui ne diffère de l'espèce que par sa rusticité plus élevée.

EXIGENCES: E: Doit absolument être planté dans un site ensoleillé.
S: Préfère un sol fertile, profond et sain.
H: Aime les endroits humides, bien drainés.
R: Peu rustique, cette plante doit être installée dans un endroit abrité.
T: Supporte mal la taille qui devrait se faire, si nécessaire, à l'automne.

UTILISATIONS: On utilise principalement cette plante en isolée dans les grands espaces.

Liriodendron tulipifera
Tulipier de Virginie

Liriodendron tulipifera
TULIPIER DE VIRGINIE
Tulip Tree — Whitewood

ZQ: G
ZC: 5b

DESCRIPTION: H: 10 m L: 5 m
Arbre de forme conique étroite, il devient ovoïde avec l'âge.
Tronc droit, à écorce grise qui se plisse finement avec l'âge et dont les fissures sont orangées. Les branches, d'abord ascendantes s'inclinent avec l'âge et sont placées irrégulièrement.
Feuilles à la forme particulière, à trois lobes, le lobe supérieur étant tronqué.
Feuillage dense, vert foncé luisant, prenant de belles teintes jaunes à l'automne.
Fleurs peu nombreuses sous nos climats, solitaires, en forme de tulipes jaune verdâtre avec des taches orangées à la base. La floraison, qui apparaît sur les sujets âgés, est très odorante.
Fruits en forme de cônes allongés.
Racines à plusieurs pivots, légèrement ramifiées, profondes.
Croissance moyenne.

EXIGENCES: E: Demande un site ensoleillé.
S: Un sol riche et profond, légèrement acide lui convient bien. On évite les sols calcaires.
H: Préfère les endroits humides sans excès.
R: Peu rustique, cette plante ne doit être plantée que dans des situations très protégées. Peu résistante à la pollution. La transplantation qui est difficile doit absolument se faire au printemps.
T: La taille, qui consiste principalement à supprimer les rameaux qui ont gelé, se fait au printemps.

UTILISATIONS: Très belle espèce à planter en isolée.

Malus baccata 'Columnaris'
POMMETIER DE SIBÉRIE COLONNAIRE — Pommetier à petits fruits
Columnar Siberian Crab Apple

ZQ: A / B / C / D / E / F / G
ZC: 2

DESCRIPTION: H: 6 m L: 1 m
Arbre au port colonnaire, s'élargissant au sommet avec l'âge.
Tronc court à écorce brun foncé, portant des branches nettement ascendantes.
Feuilles grandes, allongées, larges, vertes.
En mai, les boutons blanc crème, légèrement roses, donnent des fleurs blanches, odoriférantes qui durent de 2 à 3 semaines.
Fruits jaunes à pédoncule rougeâtre.
Racines plutôt superficielles.
Pousse moyenne.

EXIGENCES: E: Le plein soleil est nécessaire.
S: Préfère un sol profond et fertile, légèrement calcaire.
H: Un sol légèrement humide est nécessaire à une bonne croissance.
R: Très rustique, il supporte bien la pollution des villes. Sensible à la maladie bactérienne.
T: La taille est exécutée lors de la formation chez les jeunes sujets. On évite de tailler les grosses branches.

UTILISATIONS: Convient bien dans tous les endroits de petites dimensions. On l'utilise donc en isolé dans les petits aménagements paysagers ou comme arbre de rue.

Malus (X) 'Almey'
POMMETIER ALMEY
Almey Crab Apple

ZQ: A / B / C / D / E / F / G
ZC: 2b

DESCRIPTION: H: 6 m L: 6 m
Petit arbre au port sphérique, large.
Tronc court, brun, portant des branches et des rameaux érigés.
Feuillage pourpre violacé au moment de la pousse qui, par la suite, devient vert bronzé.
Fleurs larges, aux pétales roses, cireuses, légèrement veinées de blanc à la base. Floraison fin mai, pour deux à trois semaines.
Fruits ronds, côtelés, de couleur rouge orangé, persistant sur l'arbre après la chute des feuilles.
Racines traçantes superficielles.
Croissance moyenne.

EXIGENCES: E: Le plein soleil est indispensable.
S: Préfère les sols profonds et riches au pH neutre ou légèrement acide.
H: Demande un terrain humide mais sans excès.
R: Très rustique, mais sensible à la tavelure.
T: Tailler après la floraison si nécessaire.

UTILISATIONS: C'est une bonne plante à utiliser en isolée, notamment dans les régions froides.

Malus (X) 'American Beauty' C.O.P.F.
POMMETIER AMERICAN BEAUTY
American Beauty Crab Apple

ZQ: C- / D- / E- / F- / G
ZC: 4b

DESCRIPTION: H: 7 m L: 5 m
Petit arbre au port allongé peu large.
Tronc court portant des branches verticales.
Feuillage d'abord rouge bronzé tournant au vert bronzé à la fin du printemps.
Floraison abondante sous forme de grandes fleurs doubles, rouge clair, à la fin de mai.
Fruits petits, lisses, rouge foncé.
Racines superficielles.
Croissance moyenne.

EXIGENCES: E: Demande le plein soleil.
S: Un sol fertile, profond et neutre donne une croissance maximale.
H: Préfère un sol frais.
R: Moyennement rustique mais résiste bien à la pollution.
T: Taille de formation ou d'entretien après la floraison. Éviter de tailler les grosses branches.

UTILISATIONS: Principalement en isolé mais aussi en groupe dans les espaces restreints.

Malus (X) 'Cowichan'
POMMETIER COWICHAN
Cowichan Crab Apple

ZQ: A- / B- / C- / D / E / F / G
ZC: 2b

DESCRIPTION: H: 10 m L: 8 m
Arbre à cime conique, large, irrégulière.
Tronc à écorce brune portant des branches érigées qui
s'étalent de plus en plus avec l'âge.
Feuillage bronzé, brillant.
Fleurs simples, roses, abondantes.
Fruits brillants rouges
Racines superficielles, étendues.
Croissance moyenne.

EXIGENCES: E: Demande le plein soleil.
S: Préfère un sol fertile, profond, neutre.
H: Un sol frais lui convient.
R: Rustique.
T: Tailler après la floraison si nécessaire.

UTILISATIONS: C'est principalement en isolée que l'on utilise cette
plante.

Malus (X) 'Dolgo'
POMMETIER DOLGO
Dolgo Crab Apple

ZQ: A / B / C / D / E / F / G
ZC: 3

DESCRIPTION: H: 10 m L: 8 m
Arbre vigoureux, à cime largement arrondie.
Petit tronc à écorce verdâtre portant des branches plus
ou moins ascendantes.
Feuillage épais, vert luisant.
Fleurs blanches simples, nombreuses, apparaissant dès
la mi-mai.
Fruits rouge brillant dès le mois d'août mais ne persistant pas longtemps.
Racines traçantes.
Croissance rapide.

EXIGENCES: E: Le plein soleil est nécessaire pour une bonne floraison.
S: Le terrain où cet arbre est planté doit être riche, profond et neutre.
H: Un sol frais est préférable, mais il résiste bien à la sécheresse.
R: Très rustique, il est aussi résistant à la tavelure.
T: Tailler après la floraison.

UTILISATIONS: Principalement en isolé dans les aménagements paysagers.

127

Malus (X) 'Echtermeyer' — ***Malus*** (X) 'Oekonomierat Echtermeyer'
POMMETIER ECHTERMEYER
Echtermeyer Crab Apple

ZQ: G
ZC: 5

DESCRIPTION: H: 5 m L: 8 m
Arbre au port nettement pleureur.
Tronc droit portant de longues branches et des rameaux pouvant toucher le sol.
Feuillage d'abord pourpre puis vert-bronze dense.
Les boutons floraux, rouge-pourpre donnent des fleurs d'abord rose foncé puis roses et enfin rose pâle à plein épanouissement. La floraison est abondante et précoce.
Petits fruits rouge-pourpre persistants.
Racines traçantes.
Croissance moyenne.

EXIGENCES: E: Le plein soleil est indispensable.
S: Un sol riche, profond et neutre est recherché pour cette plante.
H: Demande un sol plutôt frais.
R: Rustique, mais à planter en situation abritée des vents d'hiver. Sensible à la tavelure.
T: Tailler légèrement après la floraison.

UTILISATIONS: Cet arbre prend toute son ampleur lorsqu'il est utilisé en isolé notamment près d'une pièce d'eau.

Malus (X) 'Hopa'
POMMETIER HOPA
Hopa Crab Apple

ZQ: A / B / C / D / E / F / G
ZC: 2b

DESCRIPTION: H: 9 m L: 5 m
Arbre au port arrondi, large.
Tronc droit à écorce brune portant des branches formant un vase large.
Feuilles vert foncé, teintées d'un filet de pourpre donnant un feuillage dense.
Fleurs simples, odorantes, roses et devenant mauves à l'épanouissement.
Les fleurs, en grand nombre, sont placées tout le long des rameaux à la fin avril, mai, avant les feuilles.
Fruits sous forme de pommettes rouges, rouge orangé, pendant après les branches et persistant tard à l'automne.
Racines traçantes.
Croissance rapide.

EXIGENCES: E: Endroit ensoleillé.
S: Demande un sol riche, profond et neutre.
H: Un sol humide, bien drainé lui est favorable.
R: Très rustique. Plutôt sensible à la tavelure.
T: Utilisée pour la formation ou l'entretien, la taille intervient après la floraison.

UTILISATIONS: Très spectaculaire par sa floraison, cette plante peut être utilisée en isolée ou encore en alignement.

Malus (X) 'Kelsey'
POMMETIER KELSEY
Kelsey Crab Apple

ZQ: C- / D- / F / G
ZC: 2

DESCRIPTION: H: 5 m L: 5 m
Petit arbre au port arrondi, régulier.
Tronc court portant des branches étalées.
Feuilles pourpre bronzé au printemps, devenant vert bronzé par la suite.
Fleurs nombreuses, doublées d'un beau rose foncé.
Fruits sous forme de pommettes pourpres.
Racines traçantes.
Croissance lente.

EXIGENCES: E: Demande le plein soleil.
S: Peu exigeant mais préfère un terrain fertile au pH neutre.
H: Préfère un sol humide, bien drainé.
R: Bonne rusticité.
T: Tailler après la floraison.

UTILISATIONS: Cet arbre est surtout utilisé en isolé dans les petits aménagements paysagers.

Malus (X) 'Makamik'
POMMETIER MAKAMIK
Makamik Crab Apple

ZQ: A / B / C / D / E / F / G
ZC: 2b

DESCRIPTION: H: 10 m L: 13 m
Arbre à cime arrondie, irrégulière.
Tronc haut, portant des branches érigées dans le haut qui deviennent horizontales vers le bas de la cime.
Feuilles entières, allongées, d'abord rougeâtres puis vert bronzé.
Fleurs rouge-pourpre en boutons, devenant rose foncé ayant un oeil central blanc en s'ouvrant. Floraison dense mais tardive.
Fruits sous forme de pommettes, orangés et rouge clair qui persistent à l'automne.
Racines plutôt traçantes.
Croissance moyenne.

EXIGENCES: E: Le plein soleil est indispensable.
S: Supporte les sols légèrement calcaires mais préfère les sols fertiles et neutres.
H: Un terrain légèrement humide lui convient.
R: Très rustique, il résiste bien aux maladies.
T: Tout en évitant de tailler les grosses branches, la taille se pratique après la floraison.

UTILISATIONS: On l'utilise le plus généralement en isolé.

Malus (X) ***moerlandsii*** 'Profusion'
POMMETIER PROFUSION
Profusion Crab Apple

ZQ: C- / E- / F / G
ZC: 4

DESCRIPTION: H: 5 m L: 4 m
Arbre de petite dimension au port ovale, irrégulier.
Le tronc court supporte des branches érigées sur lesquel-
les les jeunes rameaux, arqués, sont d'abord pourpres
puis vert-brun.
Feuilles parfois trilobées pourpre cuivré lorsqu'elles
apparaissent et tournant au vert bronzé durant l'été.
En mai-juin, fleurs simples aux boutons rouge vif, don-
nant des fleurs roses à rose foncé à l'épanouissement.
La floraison est légèrement odorante.
Petits fruits rouge foncé, luisants, non persistants.
Racines étalées superficielles.
Croissance moyenne.

EXIGENCES: E: Le plein soleil permet une floraison abondante.
S: Un sol riche et profond est nécessaire pour une bonne
croissance.
H: Un terrain humide, sans excès d'eau est idéal.
R: Rustique; sa résistance aux maladies est moyenne.
T: La taille de formation et d'entretien s'exécute après
la floraison.

UTILISATIONS: C'est une plante idéale dans les aménagements paysagers de petites dimensions. On l'utilise plutôt en isolée. Il est aussi possible de l'utiliser en groupe dans les
grands espaces.

Malus (X) 'Pink Perfection' C.O.P.F.
POMMETIER PINK PERFECTION
Pink Perfection Crab Apple

ZQ: F- / G
ZC: 4

DESCRIPTION: H: 10 m L: 6 m
Arbre à cime arrondie, irrégulière.
Tronc élevé portant des branches érigées.
Feuillage d'un beau vert bleuté.
Fleurs doubles, rose foncé en boutons et devenant rose pâle à l'épanouissement. La floraison est abondante.
Fruits jaunes à l'automne, peu décoratifs.
Racines traçantes.
Croissance moyenne.

EXIGENCES: E: Demande le plein soleil.
S: Préfère un sol riche, profond et neutre.
H: Un sol frais sans excès est indispensable.
R: De rusticité moyenne; il faut planter cet arbre à l'abri des vents hivernaux.
T: Taille de formation et d'entretien après la floraison.

UTILISATIONS: Principalement en isolé.

Malus (X) ***purpurea*** 'Eleyi Compacta'
POMMETIER ELEYI COMPACTA
Eleyi Compacta Crab Apple

ZQ: A- / C- / D- / E / F / G
ZC: 3b

DESCRIPTION: H: 4 m L: 6 m
Petit arbre au port arrondi, régulier.
Tronc court portant des branches basses horizontales.
Les jeunes rameaux sont pourpres.
Feuilles simples, rougeâtres, tout le long de la saison.
Fleurs simples d'abord rouges devenant pourpre foncé à l'épanouissement.
Fruits ovoïdes rouge-pourpre persistant jusqu'en novembre.
Racines superficielles, traçantes.
Croissance lente.

EXIGENCES: E: Demande le plein soleil.
S: Un sol riche et profond est préférable.
H: Un terrain frais sans excès est idéal.
R: Rustique.
T: Tailler après la floraison s'il y a lieu.

UTILISATIONS: Dans les petits jardins, en isolé ou encore en groupe dans les plus grands espaces.

Malus (X) 'Radiant'
POMMETIER RADIANT
Radiant Crab Apple

ZQ: D- / E- / F / G
ZC: 3b

DESCRIPTION: H: 6 m L: 6 m
Arbre à cime d'abord élancée, devenant arrondie, compacte et symétrique avec l'âge.
Tronc droit portant des branches érigées au centre et de plus en plus étalées vers l'extérieur.
Feuillage rougeâtre au début, devenant vert bronzé en vieillissant.
Les boutons floraux rouge foncé donnent des fleurs simples, rose foncé.
Dès la moitié de l'été de petits fruits rouge brillant apparaissent et ils persistent pendant une partie de l'hiver.
Racines plutôt traçantes.
Croissance rapide.

EXIGENCES: E: Demande une exposition ensoleillée.
S: Un sol riche, profond, au pH neutre, est idéal.
H: Préfère un sol plutôt humide mais sans excès.
R: Très rustique. N'est pas atteint par les maladies.
T: Tailler après la floraison.

UTILISATIONS: Comme pour les autres pommetiers, c'est en isolé qu'il donne le meilleur effet.

Malus (X) 'Red Jade'
POMMETIER RED JADE
Red Jade Crab Apple — Weeping Flowering Crab Apple

ZQ: E- / F / G
ZC: 3

DESCRIPTION: H: 5 m L: 8 m
Arbre au port pleureur mais dont la flèche est mi-pleureuse; le reste des branches, longues et gracieuses, sont retombantes.
Feuillage vert brillant.
Fleurs blanches, simples, nombreuses. Les boutons floraux sont roses.
Les fruits rouge-cramoisi, sous forme de pommettes, persistent l'hiver.
Racines superficielles.
Croissance moyenne.

EXIGENCES: E: Le plein soleil est favorable à la croissance.
S: Préfère un sol riche.
H: L'humidité du sol doit être légère, dans tous les cas sans excès.
R: Rustique.
T: Tailler après la floraison tout en respectant le port naturel de la plante.

UTILISATIONS: C'est en isolée que cette plante prend toute sa valeur.

Malus (X) 'Royal Beauty' C.O.P.F.
POMMETIER ROYAL BEAUTY
Royal Beauty Crab Apple

ZQ: F / G
ZC: 3b

DESCRIPTION: H: 3 m L: 2 m
Petit arbre au port réellement pleureur.
Sur un tronc droit, de longues branches arquées retombent jusqu'au sol.
Feuillage rougeâtre au printemps, devenant bronzé durant l'été.
Fleurs rouges.
Pas de fruit observé.
Racines plutôt superficielles.
Croissance moyenne.

EXIGENCES: E: Le plein soleil est indispensable à une bonne croissance.
S: Préfère un sol riche, profond et neutre.
H: Un sol légèrement humide convient parfaitement.
R: Rustique, il est assez résistant aux maladies.
T: La taille est peu nécessaire. S'il le faut, tailler après la floraison.

UTILISATIONS: Principalement en isolé.

Malus (X) 'Royalty'
POMMETIER ROYALTY
Royalty Crab Apple

ZQ: A / B / C / D / E / F / G
ZC: 2b

DESCRIPTION: H: 7 m L: 5 m
Pommetier au port obovale, régulier et dense.
Tronc parfois multiple portant des branches semi-érigées.
Les boutons floraux rose foncé donnent des fleurs simples rouge-pourpre.
Fruits rougeâtre foncé, mats.
Racines étalées superficielles.
Croissance moyenne.

EXIGENCES: E: Doit absolument être planté au plein soleil.
S: Un sol riche et profond est préférable.
H: Une terre fraîche, sans excès, favorise la croissance.
R: Bien rustique, mais craint les maladies bactériennes.
T: Lors de la taille qui se fait après la floraison on évite de tailler les grosses branches.

UTILISATIONS: Si on l'utilise généralement en isolé, il est aussi intéressant de l'utiliser en contraste avec d'autres arbres.

Malus (X) 'Thunderchild' C.O.P.F.
POMMETIER THUNDERCHILD
Thunderchild Crab Apple

ZQ: F- / G
ZC: 3

DESCRIPTION: H: 7 m L: 4 m
Arbre au port érigé en forme de vase élargi au sommet.
Tronc court portant des branches élancées.
Feuillage cuivre bronzé, foncé durant toute la saison.
Fleurs rose foncé au printemps.
Fruits pourpres.
Racines étalées, superficielles.
Croissance moyenne.

EXIGENCES: E: Demande le plein soleil.
S: Préfère un sol riche et profond.
H: Le sol doit toujours être humide mais sans excès.
R: Bonne rusticité.
T: La taille doit être faite après la floraison.

UTILISATIONS: Principalement en isolé.

Malus (X) 'Winter Gold'
POMMETIER WINTER GOLD
Winter Gold Crab Apple

ZQ: F / G
ZC: 4

DESCRIPTION: H: 7 m L: 7 m
Arbre à cime arrondie, régulière.
Tronc droit portant des branches étalées.
Feuillage vert luisant.
Fleurs simples blanches, tardives. Les boutons floraux sont carmin profond.
Fruits abondants, jaunes et persistant longtemps en hiver.
Racines superficielles.
Croissance moyenne.

EXIGENCES: E: Le plein soleil est nécessaire pour une bonne croissance.
S: Préfère un sol profond, riche, au pH neutre.
H: Éviter les sols avec des excès d'eau.
R: Bonne rusticité. Plus la plante est en situation protégée plus les fruits durent longtemps. Résistant aux maladies.
T: Éviter de tailler.

UTILISATIONS: Décoratif au printemps et à l'automne; on lui réservera une place de choix dans les aménagements paysagers.

Morus alba

MÛRIER BLANC
White Mulberry — Common Mulberry

ZQ: C- / E- / F- / G
ZC: 3b

DESCRIPTION: H: 10 m L: 15 m
Arbre à tête ronde, irrégulière, dense.
Tronc crevassé portant des branches érigées devenant
étalées avec l'âge.
Rameaux minces, jaune grisâtre à gris-brun.
Feuilles simples, lobées, dimorphiques, dentées,
ovales et pointues.
Feuillage vert clair en été.
Fleurs verdâtres au printemps sous forme de chatons.
Fruits sous forme de drupes violettes, rosées ou blan-
ches, en juillet-août.
Racines pivotantes ou un peu fasciculées, profondes.
Croissance rapide.

EXIGENCES: E: Demande le plein soleil mais supporte une ombre
légère.
S: Peu exigeant; toutefois il préfère les sols légers.
H: Supporte bien la sécheresse.
R: Bonne rusticité; il a toutefois tendance à faire du bois
mort. Supporte très bien les conditions urbaines.
T: Supporte bien la taille qui se fait en hiver.

UTILISATIONS: Utile dans les grands jardins. Il peut être, dans certaines conditions, utile comme arbre de rue. Intéressant
pour attirer les oiseaux.

Morus alba 'Pendula'
MÛRIER PLEUREUR
Weeping Mulberry

ZQ: C- / E- / F- / G
ZC: 4

DESCRIPTION: H: 4 m L: 1,50 m
Arbre au port nettement pleureur.
Tronc droit supportant des branches parfois torsadées, et des rameaux longs, pendants dès leur départ et retombant jusqu'à terre.
Feuilles lobées, vert foncé, luisantes.
Fleurs sous forme de chatons.
Fruits comestibles blancs, puis rosés à violet foncé en août, septembre.
Racines pivotantes ou à deux ou trois ramifications, profondes.
Croissance rapide.

EXIGENCES: E: Préfère les sites ensoleillés.
S: Nécessite des sols légers, sains, aérés, plutôt sableux.
H: Demande un sol frais pas trop humide car il craint les excès d'eau. Résiste à la sécheresse.
R: Plante rustique; s'adapte bien à la pollution.
T: Pour obtenir de beaux sujets, il faut les tailler. Quand la plante est jeune on taille court pour favoriser l'émission de longs rameaux.

UTILISATIONS: C'est une plante remarquable à utiliser en isolée soit pour marquer l'entrée d'une maison, soit près d'un point d'eau.

* *Ostrya virginiana*

OSTRYER DE VIRGINIE — Bois dur — Ostryer d'Amérique
American Hop-Hornbeam — Ironwood

ZQ: C / D- / E / F / G
ZC: 3

DESCRIPTION: H: 10 m L: 7 m
Arbre à cime conique plus large et arrondie avec l'âge. Tronc torsadé à écorce brune fissurée avec l'âge. Les branches semi-érigées deviennent horizontales puis légèrement retombantes.
Rameaux grêles, luisants, légèrement retombants.
Feuilles elliptiques, simples, avec des dents tout le tour et des nervures très marquées. Feuillage dense, vert jaunâtre devenant jaune d'or à l'automne.
Fleurs blanc verdâtre en chatons pendants.
Fruits en cones ovoïdes vert pâle devenant rougeâtres, persistant sur l'arbre tout l'été.
Racines en pivot central puissant.
Croissance lente.

EXIGENCES: E: Cette plante croît aussi bien au plein soleil qu'à l'ombre épaisse.
S: Préfère un sol humide, légèrement acide mais s'adapte aussi aux sols lourds.
H: Préfère un sol frais, bien drainé car il craint les excès d'humidité. De plus, il supporte les sols secs.
R: Plutôt rustique cette plante résiste assez bien aux conditions urbaines. Aussi, elle est exempte de toute maladie. Cependant sa transplantation est difficile et il faut planter de jeunes sujets si possible en motte.
T: Évitez de tailler. Si l'on doit le faire, ce sera tôt au printemps.

UTILISATIONS: Utile pour les endroits ombragés et pour la naturalisation. S'utilise aussi bien en groupe qu'en isolé.

Phellodendron amurense
PHELLODENDRON DE L'AMOUR
Amur Cork Tree

ZQ: C- / D- / F / G
ZC: 3b

DESCRIPTION: H: 15 m L: 15 m
Arbre au port d'abord pyramidal renversé dont la cime devient large, ronde, irrégulière.
Tronc à écorce liégeuse, gris clair, très fissurée avec l'âge.
Branches fortes, étalées.
Feuilles caduques, composées, vert foncé, lustrées dessus.
Feuillage dense prenant une teinte dorée à l'automne.
Fleurs blanc verdâtre en panicules.
Fruits sous forme de drupes noires à l'automne.
Racines jaunes, fibreuses, traçantes.
Croissance rapide.

EXIGENCES: E: Demande le plein soleil.
S: Il s'adapte à tous les sols mais il préfère un sol profond et fertile.
H: Un sol frais est indispensable à une bonne croissance.
R: Cette plante rustique doit être plantée en situation légèrement abritée. Elle s'adapte bien au milieu urbain.
T: La taille intervient tôt au printemps.

UTILISATIONS: Utile en isolé dans les espaces de moyennes dimensions. Il faut noter que ces fruits peuvent tacher les pavages qui se trouvent à proximité.

Platanus occidentalis
PLATANE DE VIRGINIE — Platane d'Occident
American Plantree — Eastern Sycomore — Buttonwood

ZQ: G
ZC: 5b

DESCRIPTION: H: 7 m L: 5 m
Si cet arbre a généralement une cime large, étalée et arrondie, sous nos climats il a une forme plutôt pyramidale inversée. Sa forme est toujours irrégulière.
Tronc à écorce lisse, jaunâtre, qui, avec l'âge, se détache en minces plaques. Sous ces plaques, l'écorce est grisâtre ce qui donne ce tacheté si caractéristique.
Feuilles larges, à 3 ou 5 lobes, vert vif dessus, légèrement grisâtres dessous.
Fleurs jaunâtres donnant des fruits en forme de boules brunes, solitaires.
Racines nombreuses, étalées.
Croissance lente à moyenne.

EXIGENCES: E: Plein soleil ou ombre très légère.
S: S'adapte à tous les sols mais demande un sol profond, riche, neutre ou légèrement calcaire.
H: Aime les sols frais, bien drainés mais supporte toutes les conditions.
R: Bien que résistant à la pollution, la rusticité est très faible. Il faut donc planter cet arbre dans des endroits très protégés.
T: La taille se fait tôt au printemps.

UTILISATIONS: Pour l'amateur averti; utiliser en isolé pour donner de l'ombrage. Le tronc est très décoratif l'hiver.

Populus alba 'Nivea'
PEUPLIER ARGENTÉ — Peuplier neige
Silver Poplar

ZQ: F- / G
ZC: 4

DESCRIPTION: H: 25 m L: 20 m
Arbre au port large, arrondi, irrégulier, ouvert.
Tronc à écorce blanc grisâtre avec des fissures. Branches érigées à étalées portant des rameaux aux jeunes pousses blanchâtres, grisâtres.
Feuilles simples, à 3 lobes profonds, vert foncé dessus mais très blanches dessous. Le feuillage, peu dense, a une couleur d'ensemble argentée. Celui-ci devient jaune à l'automne.
Fleurs et fruits sans importance.
Enracinement traçant et drageonnant.
Croissance rapide.

EXIGENCES: E: Demande le plein soleil.
S: S'adapte facilement à tous les sols mais préfère les sols sableux, profonds. Il supporte aussi le calcaire.
H: Il faut éviter les sols trop humides. Il résiste bien à la sécheresse.
R: Très bonne rusticité et de transplantation facile.
T: Supporte bien la taille.

UTILISATIONS: Très intéressant par son feuillage grisâtre; c'est une excellente plante à isoler. On peut aussi l'utiliser en contraste dans un groupement ou comme brise-vent.

Populus alba 'Pyramidalis' — ***Populus alba*** 'Bolleana'
PÉUPLIER BLANC PYRAMIDAL — Peuplier de Bolle
Bolleana Poplar — Bolle's Poplar

ZQ: F- / G
ZC: 4

DESCRIPTION: H: 15 m L: 2 m
Arbre en forme de fusée étroite, régulière.
Tronc à écorce gris-vert, portant des branches érigées, très près du tronc.
Feuilles simples, aux lobes profondément découpés, vert foncé dessus, grisâtres dessous. Feuillage moyennement dense devenant jaune d'or à l'automne.
Fleurs et fruits peu intéressants.
Racines traçantes, nombreuses, produisant des rejets.
Croissance rapide.

EXIGENCES: E: Le plein soleil lui est favorable mais il s'adapte à une ombre légère.
S: Même s'il s'adapte à tous les sols et qu'il supporte le calcaire, un sol profond et sablonneux est préférable.
H: Il faut éviter les excès d'humidité et planter dans un terrain bien drainé.
R: Rustique et de transplantation facile.
T: Éviter de tailler de grosses branches ce qui peut provoquer des pourritures.

UTILISATIONS: Belle plante à isoler. Aussi utile comme brise-vent.

Populus (X) berolinensis
PEUPLIER DE BERLIN
Berlin Poplar

ZQ: A / B / C / D / E / F / G
ZC: 2

DESCRIPTION: H: 20 m L: 5 m
Arbre au port colonnaire, irrégulier.
Tronc droit, à écorce gris foncé et fissurée avec l'âge.
Branches ascendantes s'écartant du tronc avec l'âge. Les
rameaux sont grisâtres.
Feuilles simples, ovales, pointues au bout, finement den-
tées. Les feuilles sont vert foncé dessus et vert pâle
dessous.
Cette forme femelle donne des fleurs mais rarement des
fruits.
Racines traçantes, puissantes.
Croissance moyenne.

EXIGENCES: E: Demande le plein soleil.
S: Peu exigeant, il s'adapte à tous les sols même
pauvres.
H: Un endroit bien humide est préférable.
R: Très rustique.
T: Supporte très bien la taille.

UTILISATIONS: Excellente plante au port étroit pour les régions froides.
Peut être utilisée en isolée ou comme brise-vent.

Populus (X) ***euramericana*** 'Robusta' — ***Populus*** (X) ***canadensis***
'Robusta'

PEUPLIER ROBUSTA — Peuplier à écorce grise
Robusto Poplar

ZQ: G (peut-être plus)
ZC: 3

DESCRIPTION: H: 20 m L: 11 m
Arbre au port érigé, conique.
Une tige rectiligne et verticale porte des branches ascendantes.
Les rameaux sont anguleux.
Feuilles grandes, triangulaires, d'abord bronze au début de la saison, devenant vert clair brillant en été et prenant une coloration automnale dorée.
Fleurs mâles sous forme de chatons et ne donnant donc pas de fruit.
Racines traçantes.
Croissance très rapide à rapide.

EXIGENCES: E: Une exposition en plein soleil est essentielle.
S: Peu exigeant, il préfère cependant un sol riche.
H: Un sol frais, humide sans excès lui convient bien.
R: Très rustique.
T: La taille est inutile.

UTILISATIONS: Essence très employée en foresterie; on l'utilise aussi pour l'aménagement paysager des grands espaces.

Populus (X) ***euramericana*** 'Souixland' — ***Populus*** (X)
canadensis 'Souixland'
PEUPLIER SOUIXLAND
Souixland Poplar

ZQ: A- / B- / C / D- / E- / F- / G
ZC: 4

DESCRIPTION: H: 15 m L: 9 m
Arbre au port pyramidal s'arrondissant un peu avec
l'âge.
Tronc portant une branche centrale d'où partent des
branches semi-érigées.
Feuilles plutôt larges, triangulaires, pointues au bout,
en forme de coeur à la base. Feuillage léger, vert clair
brillant devenant jaune à l'automne.
Plante mâle ne donnant pas de fructification.
Racines traçantes très puissantes.
Croissance rapide.

EXIGENCES: E: Demande le plein soleil.
S: Pas d'exigence particulière.
H: Peu exigeant.
R: Rustique. Transplantation facile.
T: Supporte bien la taille.

UTILISATIONS: C'est un peuplier très intéressant par sa forme. Il peut
être utilisé en isolé, en groupe ou en association.

Populus canescens 'Tower' C.O.P.F.
POPULUS TOWER — Peuplier turriculé — Peuplier gris
Tower
Tower Poplar — Tower Gray Poplar

ZQ: F- / G
ZC: 2b

DESCRIPTION: H: 12 m L: 1,50 m
Arbre au port colonnaire, très étroit.
Tronc tordu à écorce gris jaunâtre portant des branches
ascendantes, tortueuses, nombreuses, décoratives en
hiver.
Feuilles simples, ovales, plus ou moins larges, vert foncé,
légèrement lustrées dessus, argentées dessous. Le feuillage dense, bougeant au moindre vent, prend une belle
couleur jaune à l'automne.
Pas de fleurs ni de fruits.
Racines traçantes mais sans excès; ne produit que peu
de drageons.
Croissance rapide.

EXIGENCES: E: Le plein soleil est indispensable.
S: Supporte tous les sols même s'ils sont pauvres ou
calcaires. Il faut quand même éviter les sols acides.
H: S'adapte à tous les sols humides.
R: Rustique, il résiste bien à la pollution.
T: Taille peu utilisée.

UTILISATIONS: En isolé dans les aménagements paysagers ou comme
écran et brise-vent.

Populus nigra 'Italica'
PEUPLIER D'ITALIE — Peuplier de Lombardie —
Peuplier pyramidal
Lombardy Poplar

ZQ: C- / D- / E- / F / G
ZC: 4

DESCRIPTION: H: 20 m L: 2 m
Arbre au port colonnaire à grand développement.
Tronc très étroit, à écorce noirâtre, rugueuse, profondément sillonnée, portant des branches et des rameaux gris jaunâtre, nombreux et érigés le long du tronc.
Feuilles simples, en losange, dentelées. Le feuillage, vert foncé, devient jaune doré à l'automne.
Sélection mâle, cette variété porte des fleurs en chatons.
Pas de fructification.
Racines traçantes produisant des rejets.
Croissance très rapide.

EXIGENCES: E: Planter en situation ensoleillée.
S: S'adapte à tous les sols, même pauvres.
H: Même s'il supporte les sols secs ou les inondations, il préfère les sols humides mais sans eau stagnante.
R: Rustique. Toutefois, dans les endroits venteux, il aura tendance à fournir du bois mort. Aussi, il est résistant à la polllution et au sel des routes.
T: Supporte la taille quand il est jeune. Tailler de trop grosses branches peut provoquer l'apparition de pourriture. La taille favorise l'apparition des rejets.

UTILISATIONS: On peut l'utiliser en isolée, mais c'est aussi une excellente plante pour faire des brise-vent ou des écrans.

Populus nigra 'Thevestina'
PEUPLIER DE THEBESSA — Peuplier Thevestina
Algerian Poplar — Thebessa Poplar

ZQ: A- / B- / C- / D- / E / F / G
ZC: 4

DESCRIPTION: H: 20 m L: 4 m
Arbre au port étroitement fastigié.
Tronc rectiligne à écorce lisse et blanche devenant grisâtre et un peu sillonnée avec l'âge.
Feuilles soit ovales et longuement pointues, soit larges et arrondies à la base. Feuillage vert foncé apparaissant tôt et disparaissant tard.
Fleurs femelles en chatons produisant parfois des fruits.
Racines traçantes et drageonnantes.
Croissance rapide et grande longévité.

EXIGENCES: E: Le plein soleil est indispensable.
S: S'adapte facilement à tous les sols.
H: Bien qu'il supporte les sols secs il préfère les situations humides.
R: Bonne rusticité et résistance à la pollution.
T: Supporte bien la taille.

UTILISATIONS: Utile en isolé, pour former des brise-vent et des écrans.

Populus tremula 'Erecta'
PEUPLIER TREMBLE FASTIGIER
Upright European Aspen

ZQ: A- / B- / C- / D- / E- / F- / G
ZC: 3b

DESCRIPTION: H: 16 m L: 3 m
Arbre au port étroit et fastigié.
Tronc à écorce verdâtre et lisse se fendillant avec l'âge et pointant des branches très érigées.
Feuilles simples, ovales et pointues qui bougent au moindre vent.
Duveteuses au débourrement, les feuilles deviennent vert foncé dessus et glauques dessous.
Fleurs sous forme de chatons gris donnant des fruits.
Racines très traçantes portant de nombreux drageons.
Croissance rapide.

EXIGENCES: E: Demande un site ensoleillé.
S: Préfère les terres légères, sans calcaire, car il craint cet élément.
H: Affectionne les sols humides et redoute la sécheresse.
R: Bonne rusticité et bonne résistance aux maladies.
T: Supporte bien la taille.

UTILISATIONS: Très intéressant en isolé où cette «colonne» est sans cesse frémissante.

* *Populus tremuloides*
PEUPLIER FAUX-TREMBLE
Quaking Aspen — Trembling Aspen — Aspen Poplar

ZQ: A / B / C / D / E / F / G
ZC: 2

DESCRIPTION: H: 12 m L: 8 m
Arbre à la cime allongée, presque colonnaire, irrégulière.
Tronc plus ou moins droit à écorce grisâtre, crevassée avec l'âge.
Ramification peu dense aux rameaux brun rougeâtre.
Feuilles simples, petites, en forme de coeur, vert clair brillant en été, tournant au jaune à l'automne. Le feuillage bouge au moindre coup de vent.
Fleurs en chatons gris argent tôt au printemps.
Fruits sous forme de capsule verdâtre.
Enracinement traçant et drageonnant.
Croissance rapide.

EXIGENCES: E: Site ensoleillé indispensable.
S: S'adapte à tous les sols, même médiocres ou nettement acides.
H: Éviter les terres inondées car il demande un sol bien drainé et il ne redoute pas la sécheresse.
R: Très rustique mais peu résistant à la pollution.
T: Supporte bien la taille.

UTILISATIONS: On l'utilise principalement pour la naturalisation mais aussi comme arbre d'ombrage léger.

Populus tremuloides 'Pendula'
PEUPLIER FAUX-TREMBLE PLEUREUR — Parasol de Saint-Julien
Weeping Quaking Aspen

ZQ: B- / C- / D- / E / F- / G
ZC: 2b

DESCRIPTION: H: 3 m L: 2 m
Arbre au port nettement pleureur.
Un tronc droit supporte des branches retombant jusqu'à terre.
Les rameaux sont fins.
Feuilles ovales, simples, en forme de coeur.
Le feuillage vert tourne au jaune à l'automne.
Chatons femelles pourpres donnant parfois des fruits.
Racines traçantes et drageonnantes.
Croissance rapide.

EXIGENCES: E: Le plein soleil est indispensable.
S: Convient pour tous les sols, sauf s'ils sont calcaires, car il demande un sol acide.
H: Préfère un terrain humide, bien drainé, sans excès d'eau.
R: Rustique. Résiste peu à la pollution.
T: Supporte la taille qui est surtout utilisée pour la formation.

UTILISATIONS: On l'utilise principalement en isolé dans les petits jardins notamment dans les endroits difficiles.

Prunus (X) ***cistena*** (sur tige)
CERISIER DES SABLES À FEUILLES POURPRES
Purple Leaf Sandcherry Tree

ZQ: A- / B- / C / D / E / F / G
ZC: 3

DESCRIPTION: H: 3 m L: 3 m
Arbuste greffé sur une tige de 1 m à 1,50 m donnant un petit arbre au port arrondi, large et irrégulier.
Tronc plus ou moins droit portant des branches érigées qui s'étalent avec l'âge.
Feuillage dense, de couleur lie de vin qui fonce de plus en plus durant la saison.
Belles petites fleurs blanches au centre rougeâtre qui donnent un ensemble rose à la plante. Cette teinte rose contraste avec le feuillage qui vient d'apparaître.
Fruits violet foncé.
Racines peu nombreuses plutôt étalées.
Croissance moyenne.

EXIGENCES: E: Demande le plein soleil pour conserver toute la couleur de son feuillage.
S: Demande un sol sain, plutôt calcaire.
H: Éviter les sols secs, surtout ceux qui sont trop humides. Préfère les sols frais.
R: Rustique; il faut cependant protéger la greffe durant les premières années. Supporte bien la pollution.
T: Même si la plante supporte bien la taille on évite de tailler les grosses branches. Cette opération s'effectue après la floraison.

UTILISATIONS: Idéal pour les petites surfaces; en isolé ou encore en groupe où elle contraste avec d'autres plantes.

Prunus maackii

CERISIER DE L'AMOUR
Amur Chokecherry — Mandchurian Cherry

ZQ: A / B / C / D / E / F / G
ZC: 2b

DESCRIPTION: H: 7 m L: 5 m
Petit arbre à cime touffue et ovale.
Tronc à écorce rouge brunâtre brillant se détachant par bandes.
Feuilles elliptiques à bout pointu. Feuillage vert devenant jaune à l'automne.
Fleurs blanches en grappes denses, tôt au printemps.
Fruits mous rougeâtres.
Racines étalées.
Croissance moyenne.

EXIGENCES: E: Demande le plein soleil mais supporte la mi-ombre.
S: Peu exigeant, il supporte bien le calcaire.
H: Demande un terrain frais, bien drainé.
R: Très bonne rusticité.
T: Éviter de tailler.

UTILISATIONS: Très intéressant par l'aspect hivernal de son écorce, on l'emploi principalement en isolé.

* *Prunus nigra*

PRUNIER NOIR — Prunier sauvage
Canada Plum

ZQ: F / G
ZC: 4b

DESCRIPTION: H: 7 m L: 4 m
Petit arbre au port oblong, irrégulier.
Tronc à écorce noire, fissurée avec l'âge.
Branches partant en tous sens.
Feuilles ovales, pointues au bout, vert foncé.
Fleurs blanches puis rosées regroupées en ombelles. Les
fleurs, très hâtives apparaissent avant les feuilles.
Fruits sous forme de prunes, comestibles, de couleur
jaune à rouge.
Racines drageonnantes.
Croissance lente.

EXIGENCES: E: Préfère le plein soleil mais s'accommode d'une ombre
légère.
S: Peu exigeant.
H: Préfère les terrains bien drainés.
R: Rustique. Peu exigeant.
T: Éviter de tailler.

UTILISATIONS: Excellente plante pour la naturalisation. On peut aussi
l'utiliser en isolée dans les aménagements paysagers.

Prunus padus 'Colorata'
CERISIER À GRAPPES COLORATA — Merisier
à grappes Colorata
Colorata European Birdcherry

ZQ: A- / B- / C- / D- / E / F / G
ZC: 2

DESCRIPTION: H: 10 m L: 8 m
Arbre à cime pyramidale, large, irrégulière.
Tronc à écorce pourpre foncé, aux branches basses ascendantes.
Les jeunes rameaux sont pourpre foncé lorsqu'ils apparaissent.
Feuilles simples, obovales, se terminant par une courte pointe.
Elles sont aussi larges, rugueuses et finement dentées.
Lorsque les feuilles apparaissent elles sont de couleur pourpre. Par la suite, elles deviennent vertes sur le dessus mais le dessous reste pourpré.
Les boutons floraux, rose vif, donnent naissance à des fleurs pendantes en grappes rosées. La floraison qui a lieu en avril apparaît en même temps que le jeune feuillage pourpre.
Fruits sous forme de cerises noires.
Racines étalées.
Croissance rapide.

EXIGENCES: E: Il s'accommode d'une ombre légère, mais il préfère les endroits ensoleillés.
S: S'adapte à tous les sols, même pauvres.
H: Peu exigeant, mais préfère les sols bien drainés.
R: Bonne rusticité.
T: Tailler après la floraison mais sans excès.

UTILISATIONS: C'est une plante très intéressante comme petit arbre pour les endroits exigus. Utiliser en général en isolée; on peut aussi l'utiliser en groupe ou en contraste avec d'autres plantes. Peut convenir aussi à la plantation dans les parcs.

Prunus padus 'Commutata'
CERISIER À GRAPPES HÂTIF —
Cerisier à grappes commutata
Early European Birdcherry — May Day Tree

ZQ: A- / B- / C / D- / E / F / G
ZC: 3b

DESCRIPTION: H: 10 m L: 10 m
Arbre au port arrondi, irrégulier, touffu.
Tronc court, parfois multiple, à écorce brun foncé, portant des branches et des rameaux étalés.
Feuilles ovales, allongées, pointues, au bord grossièrement denté.
Floraison hâtive, trois semaines avant le Prunus padus.
Les fleurs sont blanches et regroupées en grappes.
Fruits noirs au goût amer ayant la forme d'une cerise.
Racines étalées.
Croissance rapide.

EXIGENCES: E: Aussi bien ensoleillé que légèrement ombragé.
S: Convient à tous les sols, même médiocres.
H: Peu exigeant.
R: Bonne rusticité.
T: Tailler après la floraison si nécessaire, mais toujours légèrement.

UTILISATIONS: C'est une plante qui convient aussi bien aux petits aménagements paysagers qu'à l'ornementation des parcs et des grands espaces. On peut l'utiliser en isolée ou encore en groupe.

Prunus padus 'Watereri'
CERISIER À GRAPPES WATERERI
Watereri European Birdcherry

ZQ: A- / B- / C / D- / E / F / G
ZC: 4b

DESCRIPTION: H: 15 m L: 15 m
Arbre au port ovale, large, assez régulier.
Tronc court, parfois multiple, portant des branches érigées aux rameaux souples, légèrement retombants.
Feuilles ovales, pointues au bout, aux nervures apparentes, vert brillant.
Fleurs plus grandes que chez l'espèce, portées par de très longues grappes (0,20 m de long).
Fruits en forme de cerise ronde, noires, qui attirent les oiseaux.
Racines étalées.
Croissance rapide.

EXIGENCES: E: Cette plante croît mieux au soleil mais elle peut supporter la mi-ombre.
S: Un sol riche, bien équilibré, est préférable.
H: Il aime les sols frais mais bien drainés.
R: Bonne rusticité.
T: Ne tailler que lorsque cela est nécessaire, après la floraison.

UTILISATIONS: En isolé dans les aménagements paysagers résidentiels ou encore en groupe dans les grands espaces.

Prunus sargentii

CERISIER DE SARGENT
Sargent's Cherry

ZQ: G
ZC: 5

DESCRIPTION: H: 10 m L: 10 m
Petit arbre à cime arrondie, large et régulière.
Tronc à écorce lisse, rougeâtre, à lenticelle horizontale, très décorative. Les branches, ascendantes portent de jeunes pousses rougeâtres.
Les feuilles simples, elliptiques sont d'abord rouge cuivré puis deviennent vertes à l'été. À l'automne c'est un des premiers arbres à prendre sa teinte, celle-ci est orange, rouge écarlate, très spectaculaire.
Fleurs simples, avant les feuilles. Elles sont réunies en ombelles de coloration rose, rose pâle.
Fruits globuleux, rouge foncé brillant.
Racines étalées.
Croissance moyenne.

EXIGENCES: E: Le plein soleil est indispensable.
S: Demande un sol riche.
H: Préfère les sols frais surtout s'ils sont bien drainés.
R: Peu rustique, il lui faut des sites abrités des vents d'hiver. Supporte difficilement la pollution.
T: Si cela est indispensable tailler légèrement après la floraison.

UTILISATIONS: Cette plante convient bien en isolée car sa floraison, son feuillage automnal et son écorce sont décoratifs.

* Prunus serotina

CERISIER TARDIF — Cerisier d'automne — Cerisier noir
Black Cherry — Rum Cherry

ZQ: A- / B- / C / D- / E / F / G
ZC: 2b

DESCRIPTION: H: 18 m L: 15 m
Arbre à tête ovoïde, irrégulière.
Tronc à écorce brun foncé, presque noire, qui dégage une odeur lorsqu'elle est froissée. Branches ascendantes portant des rameaux pendants.
Feuilles simples en forme de lance large. D'abord brunâtres, au début de la saison, elles sont vert foncé, brillantes durant l'été, pour devenir jaune orangé à l'automne.
Fin juin apparaissent des fleurs blanches, réunies en longues grappes pendantes.
Les fruits, rouges au début, deviennent noirs aux alentours du mois de septembre. Les fruits persistent jusqu'à la mi-octobre.
Racines pivotantes.
Croissance moyenne à rapide.

EXIGENCES: E: Très intolérant, cet arbre doit absolument recevoir le plein soleil.
S: Bien qu'il résiste au sol sablonneux il préfère un sol profond, fertile, neutre ou légèrement acide.
H: Un terrain légèrement humide, bien drainé, lui convient parfaitement.
R: Très rustique, il résiste moyennement à la pollution. La transplantation peut être difficile.
T: Si la taille est nécessaire elle intervient après la floraison.

UTILISATIONS: Cette plante qui attire les oiseaux peut être utilisée en isolée ou encore en groupe. Intéressante aussi pour la naturalisation.

Prunus triloba 'Multiplex' (sur tige)
AMANDIER DE CHINE (sur tige)
Flowering Almond Tree

ZQ: A- / B- / C- / D- / E / F / G
ZC: 3b

DESCRIPTION: H: 3 m L: 2 m
Souvent cultivé en arbuste on le retrouve de plus en plus comme petit arbre greffé sur tige ce qui lui donne une cime plutôt arrondie.
Tronc droit, branches érigées retombant vers le bas.
Feuilles simples, trilobées, dentelées, vert clair virant au jaune à l'automne.
Floraison abondante, rose, apparaissant avant les feuilles, en mai. Étamines nombreuses et très décoratives.
Pas de fructification.
Racines étalées, peu développées.
Croissance moyenne.

EXIGENCES: E: Le plein soleil est indispensable pour une belle floraison.
S: Un sol lourd, plutôt calcaire, lui convient bien.
H: Un terrain frais sans excès est préférable.
R: Rustique; il faut quand même éviter les endroits trop venteux. Résiste bien à la pollution.
T: Supporte bien la taille. S'il le faut, on peut tailler assez court après la floraison.

UTILISATIONS: C'est une très belle plante que l'on utilise en isolée. Convient aux petits jardins.

Prunus virginiana 'Schubert'

CERISIER SCHUBERT — Prunier de Virginie —
Cerisier à grappes Schubert — Cerisier de Virginie
Schubert
Schubert Chokeberry

ZQ: A- / B- / C / D / E / F / G
ZC: 2b

DESCRIPTION: H: 5 m L: 4 m
Petit arbre au port conique large, ovale avec l'âge.
Tronc très droit à écorce brun rougeâtre, portant des
branches flexibles.
Feuilles vertes, virant au rouge bronzé à l'été. Par la suite
on peut observer des pousses vertes, les feuilles les plus
âgées restant rouge bronzé.
Fleurs blanches, à profusion, rassemblées en grappes
dressées ou légèrement étalées, au printemps.
Fruits en cerises noires qui attirent les oiseaux.
Racines étalées, drageonnantes.
Croissance moyenne.

EXIGENCES: E: Préfère le plein soleil pour prendre toute sa couleur.
S: Tous les sols mais il préfère un sol calcaire.
H: Un terrain humide lui convient bien.
R: Très rustique, il tolère les conditions urbaines.
T: Supporte bien la taille.

UTILISATIONS: Cet arbre de petit développpement est très intéressant
par son feuillage. Il convient aux endroits où la place
est limitée, il est alors utilisé en isolé. Il peut aussi être
utilisé en groupe ou en association dans les plus grands
espaces.

Pyrus calleryana 'Bradford'
POIRIER BRADFORD — Poirier Callery Bradford
Bradford Pear — Bradford Callery Pear

ZQ: G
ZC: 5b

DESCRIPTION: H: 10 m L: 6 m
Arbre au port plutôt pyramidal s'élargissant avec l'âge
pour former une cime ronde, régulière.
Tronc très droit, à écorce gris foncé, aux branches
érigées.
Feuilles simples, ovales, arrondies à la base et dentées.
Feuillage vert foncé brillant prenant une couleur rouge-
pourpre foncée à l'automne.
Fleurs blanches en mai.
Fruits rares, petits, quand ils sont présents.
Racines étalées.
Croissance moyenne à lente.

EXIGENCES: E: Demande le plein soleil.
S: S'adapte à tous les types de sol.
H: Tolère les sols secs.
R: Rustique; toutefois il faut planter cet arbre en situa-
tion abritée.
T: Résiste bien à la pollution.
T: Taille inutile.

UTILISATIONS: Principalement en isolé. Il peut aussi servir comme arbre
de rue en situation protégée.

Pyrus salicifolia 'Pendula'
POIRIER D'ORNEMENT PLEUREUR — Poirier
à feuilles de saule pleureur
Pendulous Willow — Leaved Pear

ZQ: G
ZC: 5

DESCRIPTION: H: 4 m L: 2,50 m
Arbre au port pleureur.
Les branches, nettement pleureuses portent des rameaux
longs, souples, qui finissent par retomber. Les branches
sont parfois épineuses.
Feuilles petites, linéaires et étroites. Feuillage gris
argenté verdissant peu à peu en été.
Fleurs blanc crème réunies en corymbes au mois d'avril.
Petits fruits recouverts d'un duvet argenté.
Racines étalées.
Croissance lente.

EXIGENCES: E: Demande le plein soleil.
S: S'adapte à tous les sols.
H: Résiste bien à la sécheresse.
R: Rustique mais à planter en situation abritée.
T: On taille au printemps pour supprimer les branches
mortes.

UTILISATIONS: Intéressant pour les petits jardins. On l'utilise en isolé.

* _Quercus alba_
CHÊNE BLANC
White Oak

ZQ: F- / G
ZC: 4

DESCRIPTION: H: 25 m L: 25 m
Arbre à cime globulaire, large.
Tronc à écorce grisâtre devenant fissurée avec l'âge.
Branches tordues, étalées, au caractère pittoresque en hiver. Rameaux brun rougeâtre.
Feuilles simples, oblongues, de 5 à 9 lobes.
Le feuillage, d'abord rose clair au printemps, prend une teinte gris argent puis vert clair à l'été, pour tourner aux teintes allant du rouge au violet-pourpre à l'automne. Les feuilles séchées persistent sur l'arbre une bonne partie de l'hiver.
Fleurs en mai, sous forme de chatons jaunâtres.
Fruits sous forme de glands bruns en septembre, octobre.
Racines pivotantes puissantes.
Croissance lente.

EXIGENCES: E: Préfère le plein soleil mais supporte une ombre légère.
S: Demande un sol riche et profond au pH neutre à légèrement acide. Il faut éviter les sols calcaires.
H: Un sol frais, bien drainé, sans excès d'humidité est idéal. Ne craint pas la sécheresse.
R: Rustique. Plus ou moins sensible à la pollution. Transplantation difficile.
T: La taille n'est utilisée que pour la formation. Elle se fait au printemps.

UTILISATIONS: Excellente plante d'ombrage à utiliser en isolée dans les grands espaces. Sa croissance lente et sa reprise difficile en font un arbre malheureusement peu utilisé. Utile aussi pour la naturalisation.

* *Quercus bicolor*
CHÊNE BICOLORE — Chêne bleu
Swamp White Oak

ZQ: F- / G
ZC: 4b

DESCRIPTION: H: 25 m L: 17 m
Arbre de forme ovoïde, régulière.
Tronc court, à écorce brun foncé, écailleuse avec l'âge, portant des branches ascendantes qui deviennent de plus en plus descendantes avec le vieillissement.
Feuilles simples, allongées, larges au bout, légèrement lobées.
Le feuillage, vert pourpre au début de la saison devient vert foncé l'été pour tourner à l'orange doré à l'automne.
Durant l'été le dessous est grisâtre.
Fleurs petites donnant naissance à des petits glands bruns.
Racines fibreuses, étalées.
Croissance lente à moyenne.

EXIGENCES: E: Demande le plein soleil mais supporte une ombre légère.
S: Préfère les sols légers et neutres.
H: S'adapte très bien aux terrains très humides.
R: Rustique, sa résistance à la pollution semble bonne. Transplantation difficile.
T: Taille de formation au printemps.

UTILISATIONS: Principalement en groupe ou en isolé dans les grands espaces. Utile aussi pour la naturalisation.

Quercus coccinea
CHÊNE ÉCARLATE
Scarlet Oak

ZQ: F- / G
ZC: 4

DESCRIPTION: H: 20 m L: 20 m
Arbre à cime arrondie ou ovoïde, irrégulière.
Tronc à écorce gris clair, lisse devenant légèrement gercée, gris foncé presque noire. Branches longues, minces, ascendantes, placées de manière irrégulière.
Feuilles simples, grandes, découpées et denticulées.
Feuillage vert brillant prenant une belle teinte pourpre foncé puis finalement rouge écarlate. Le feuillage persiste sur l'arbre jusqu'en décembre.
Fleurs petites, jaune verdâtre, donnant des fruits sous forme de glands bruns.
Racines pivotantes profondes.
Croissance lente.

EXIGENCES: E: Demande le plein soleil.
S: Peu difficile sur le type de sol, il préfère cependant un sol plutôt sableux, fin, neutre.
H: Demande un sol frais, sans excès, et résiste à la sécheresse.
R: Rustique, de résistance moyenne à la pollution; la transplantation est difficile.
T: Utile seulement lors de la formation.

UTILISATIONS: Utilisé en groupe mais surtout en isolé dans les aménagements paysagers. C'est une excellente plante d'ombrage qui peut servir aussi pour la naturalisation.

* *Quercus macrocarpa*
CHÊNE À GROS FRUITS
Bur Oak — Mossy-Cup Oak

ZQ: A- / B- / C / D / E / F / G
ZC: 2b

DESCRIPTION: H: 20 m L: 20 m
Arbre au port d'abord pyramidal qui s'élargit par la suite pour donner une cime arrondie, large, irrégulière.
Tronc à écorce profondément fissurée brun clair.
Feuilles simples, très grandes, en triangle renversé, à 5 ou 7 lobes.
Les feuilles, vert foncé brillant dessus, légèrement grisâtres dessous, donnent un feuillage dense qui se teinte de jaune orangé à l'automne.
Fleurs printanières verdâtres donnant naissance à de gros glands bruns en septembre, octobre.
Racines pivotantes.
Croissance lente.

EXIGENCES: E: Doit absolument être planté au soleil.
S: S'adapte bien à tous les sols sauf s'ils sont calcaires. Préfère cependant un sol riche, légèrement acide.
H: Un terrain frais, bien drainé lui convient parfaitement.
R: Très rustique, c'est un des seuls chênes pouvant être planté dans toutes nos régions. Tolère un peu la pollution mais se transplante difficilement.
T: Utile uniquement pour la formation.

UTILISATIONS: Excellente plante d'ombrage utilisée en groupe et aussi en isolée dans les grands espaces.

Quercus palustris
CHÊNE DES MARAIS — Chêne à épingles
Pin Oak

ZQ: F / G
ZC: 4

DESCRIPTION: H: 20 m L: 13 m
Arbre de forme conique, symétrique.
Tronc droit à écorce lisse ou légèrement fissurée, noire avec des reflets gris. Les branches, érigées dans le haut deviennent horizontales puis tombantes.
Feuilles simples, elliptiques, divisées en lobes, profondément découpées. Brillantes, vert vif dessus, plus pâles dessous elles deviennent rouge carmin puis rouge vin à l'automne. Les feuilles sèches persistent sur la plante tout l'hiver.
Les fleurs, petites et verdâtres donnent naissance à des fruits sous forme de glands.
Enracinement formé de plusieurs racines pivotantes.
Croissance lente à moyenne. C'est le chêne qui pousse le plus vite.

UTILISATIONS: E: Une situation ensoleillé lui est indispensable.
S: S'adapte à tous les sols même s'ils sont lourds, mais préfère un sol léger, riche, plutôt acide.
H: Résiste aussi bien aux excès d'humidité qu'à la sécheresse.
R: Rustique, cette plante s'adapte à la pollution des villes. La transplantation est plutôt facile.
T: Supporte bien la taille. Utile surtout pour la formation.

UTILISATIONS: Cet arbre peut être utilisé comme arbre de rue ou comme arbre d'ombrage. Dans ce dernier cas il est planté soit en groupe ou en isolé pour mettre son port en évidence.

* *Quercus robur* — *Quercus pedunculata*
CHÊNE PÉDONCULÉ — Chêne anglais
English Oak — Pedonculate Oak — Common Oak —
Truffle Oak

ZQ: G
ZC: 5

DESCRIPTION: H: 25 m L: 25 m
Arbre à cime arrondie, irrégulière.
Écorce gris-brun clair profondément sillonnée. Tronc droit, court, portant de grosses branches sinueuses et tourmentées.
Feuilles ovoïdes, découpées en 5 à 7 lobes, vert foncé mat dessus, plus pâle dessous. Les feuilles séchées persistent en hiver.
Fleurs jaunâtres donnant des glands portés par un long pédoncule.
Racines pivotantes puissantes.
Croissance lente.

EXIGENCES: E: Demande le plein soleil.
S: S'adapte à tous les sols mais préfère un sol plutôt riche au pH neutre ou légèrement acide.
H: Un sol et une atmosphère plutôt frais conviennent parfaitement.
R: Rusticité peu élevée, demande à être planté en situation abritée. Transplantation en mottes.
T: Utile uniquement pour la formation.

UTILISATIONS: Arbre d'ombrage utilisé surtout en isolé mais parfois aussi en groupe.

Quercus robur 'Fastigiata'
CHÊNE PYRAMIDAL — Chêne pédonculé fastigié —
Chêne anglais fastigié
Pyramidal English Oak

ZQ: F / G
ZC: 4

DESCRIPTION: H: 15 m L: 3 m
Arbre au port pyramidal étroit.
Tronc fissuré à écorce brune portant des branches érigées, près du tronc, depuis la base.
Feuilles simples, découpées en lobes, donnant un feuillage dense, tournant au bronze à l'automne. Les feuilles persistent tard en hiver.
Floraison printanière donnant des glands bruns.
Enracinement peu développé.
Croissance moyenne.

EXIGENCES: E: Demande le plein soleil, mais supporte une ombre légère.
S: S'adapte à tous les sols, mais préfère un sol riche au pH neutre.
H: Un sol frais lui convient bien.
R: De rusticité peu élevée; il est préférable de le planter en situation protégée. Transplantation difficile.
T: Pas utilisée.

UTILISATIONS: C'est une excellente plante de rue pour les situations exiguës. Idéale en isolée dans les petits jardins ou en groupe dans les grands espaces.

Quercus rubra* — *Quercus borealis* — *Quercus rubra borealis
CHÊNE ROUGE D'AMÉRIQUE — Chêne rouge
Red Oak — Northern Red Oak

ZQ: B- / C / D / E / F / G
ZC: 3

DESCRIPTION: H: 25 m L: 18 m
Arbre à cime arrondie ou conique, large, irrégulière.
Tronc court aux branches semi-érigées.
Écorce grise, presque lisse devenant fissurée et noire à reflet argent avec l'âge.
Feuilles grandes, allongées, lobées, vert mat dessus, vert bleuté à la face inférieure. Le feuillage dense prend une belle coloration rouge doré, rouge clair à l'automne. Les feuilles brunes persistent parfois sur l'arbre durant l'hiver.
Fleurs jaunâtres donnant des glands brunâtres.
Racines latérales profondes.
Croissance moyenne.

EXIGENCES: E: Demande le plein soleil mais résiste à une ombre légère.
S: Cette plante calcifuge ne craint pas les sols lourds mais préfère les sols riches, sablonneux et acides.
H: Résiste à la sécheresse et préfère un sol bien drainé.
R: Plante rustique, elle s'adapte aux conditions urbaines. Transplantation assez facile en motte.
T: Supporte bien la taille qui est surtout utilisée pour la formation.

UTILISATIONS: Arbre d'ombrage utilisé surtout en isolé. Peut aussi, dans les grands espaces, être utilisé en groupe.

Robinia pseudoacacia
ROBINIER FAUX-ACACIA
Locust False Acacia — Black Locust — Common Locust

ZQ: G
ZC: 4b

DESCRIPTION: H: 15 m L: 9 m
Arbre au port érigé, à cime obovale et peu dense.
Tronc droit à écorce d'abord vert olive puis brunâtre, sillonnée et pittoresque avec l'âge. Branches fragiles, cassant facilement, épineuses mais devenant inermes.
Feuilles composées, alternes, aux folioles elliptiques. Le feuillage léger est vert foncé; jaune clair à l'automne.
Fleurs blanches, en grappes pendantes, odoriférantes, apparaissant en juin.
Fruits en forme de gousse.
Racines très traçantes, superficielles, produisant de nombreux rejets.
Croissance moyenne.

EXIGENCES: E: Le plein soleil est indispensable.
S: Peu exigeant, il s'adapte à tous les sols même pauvres.
H: Supporte la sécheresse; il faut d'ailleurs éviter les terrains où l'eau s'accumule.
R: Rustique. Résiste très bien au sel et à la pollution.
T: Tailler à l'automne. Une taille sévère provoque une prolifération des rejets.

UTILISATIONS: Convient particulièrement bien pour retenir les pentes en sol pauvre. Intéressant dans les grands parcs ou pour la naturalisation.

Salix alba tristis* — *Salix alba 'Tristis'
SAULE PLEUREUR À ÉCORCE JAUNE — Saule
pleureur doré
Golden Weeping Willow

ZQ: F / G
ZC: 4

DESCRIPTION: H: 18 m L: 18 m
Arbre de grand développement à cime arrondie et au
port pleureur, ample et souple.
Tronc droit à écorce verdâtre, lisse, devenant gris foncé
et crevassée avec l'âge.
Branches semi-érigées portant des rameaux pendants,
souples, jaunes toute l'année.
Feuilles simples, vertes, lancéolées, devenant jaunes à
l'automne.
Fleurs en chatons suivies de fruits de peu d'intérêt.
Racines traçantes, fines, très développées.
Croissance rapide.

EXIGENCES: E: Demande le plein soleil.
S: Préfère les sols légers, plutôt riches en humus, mais
supporte aussi les sols lourds.
H: Prospère dans les terrains humides, même très humi-
des. Il faut éviter les sols secs.
R: Rustique, les endroits trop venteux sont cependant
à éviter. Transplantation très facile.
T: Une taille légère peut être pratiquée au printemps.

UTILISATIONS: Il faut éviter de l'utiliser dans les endroits restreints ou
près des conduits souterrains.
Utile dans les grands espaces, il est aussi d'un très bel
effet près d'un étang, d'un lac ou d'une pièce d'eau.
Utile aussi pour former des salles d'ombrage.

Salix caprea 'Pendula'

SAULE MARSAULT PLEUREUR — Marsault pleureur
Weeping Goat Willow — Weeping Great Willow

ZQ: G
ZC: 5

DESCRIPTION: H: 3 m L: 1,50 m
Petit arbre pleureur, très étroit.
Tronc à écorce grise, portant des branches et des rameaux retombants.
Quand ils sont jeunes les rameaux sont brunâtres et recouverts d'un petit duvet.
Feuilles simples, ovales, dentées, aux nervures prononcées.
Feuillage vert foncé; le dessous des feuilles est grisâtre.
Floraison très décorative sous forme de chatons argentés, tôt au printemps avant les feuilles.
Racines traçantes.
Croissance lente.

EXIGENCES: E: Préfère un site ensoleillé.
S: Peu exigeant, il supporte bien le calcaire.
H: Convient aussi bien aux sols humides ou inondés qu'aux sols secs.
R: Rustique; il faut le planter en situation abritée.
T: Supporte bien la taille mais il est préférable de tailler peu.

UTILISATIONS: Cet arbre est intéressant à placer sur le bord d'une pièce d'eau. En isolé, il prend toute sa dimension. Utile pour les petits aménagements paysagers.

Salix matsudana 'Tortuosa'
SAULE DE PÉKIN TORTUEUX
Dragon-Claw Willow — Corkscrew Willow

ZQ: G
ZC: 5

DESCRIPTION: H: 7 m L: 4 m
Petit arbre à plusieurs troncs, denses, formant une cime arrondie, irrégulière.
Les branches et les rameaux sont curieusement tordus en spirales et de couleur vert brunâtre.
Feuilles simples, petites, en forme de lances, légèrement tournées, vert glauque dessus, brillantes. Feuillage léger, devenant jaune doré à l'automne.
Fleurs sous forme de chatons donnant des fruits cotonneux à la fin du printemps.
Racines traçantes.
Croissance moyenne.

EXIGENCES: E: Même s'il préfère un site ensoleillé, il supporte une ombre légère.
S: S'adapte à tous les sols, même pauvres.
H: Résiste à la sécheresse mais préfère les endroits humides.
R: Peu rustique. Doit être planté à l'abri des vents froids.
T: Nécessaire pour conserver le port dressé de l'arbre, tout en respectant la forme naturelle.

UTILISATIONS: Bonne plante à utiliser en isolée. Intéressante en hiver. L'utilisation en cépée est recommandable.

Salix pentandra
SAULE LAURIER
Laurel Willow — Bay Willow

ZQ: D / E / F
ZC: 2

DESCRIPTION: H: 10 m L: 8 m
Petit arbre à cime ronde, large, irrégulière.
Tronc à écorce grise et fissurée. Rameaux vert brun brillant, odorants.
Feuilles simples, ovales, légèrement pointues et en forme de coeurs à la base. Feuillage vert foncé brillant, aromatique quand on le froisse.
Fleurs en chatons, jaune doré, avant les feuilles, très décoratives.
Fruits intéressants.
Enracinement traçant.
Croissance rapide.

EXIGENCES: E: Le plein soleil est indispensable.
S: Préfère les sols acides.
H: Un sol très humide est à conseiller. L'atmosphère doit être humide sinon son feuillage brûle. Il faut donc éviter de le planter dans des endroits où l'humidité atmosphérique est basse.
R: Très rustique mais sensible à certaines attaques d'insectes.
T: Supporte bien la taille.

UTILISATIONS: Peut être utilisé comme arbre de rue là où les conditions sont difficiles. Excellente plante pour assécher les endroits humides, pour la naturalisation et dans les parcs.

Salix (X) 'Prairie Cascade' C.O.P.F.
SAULE PRAIRIE CASCADE
Prairie Cascade Willow

ZQ: E- / F / G
ZC: 3

DESCRIPTION: H: 15 m L: 11 m
Arbre au port nettement pleureur.
Branches retombantes portant des rameaux dorés.
Feuilles simples, ovales, vert foncé brillant.
Racines traçantes.
Croissance rapide.

N.B.: Nous ne possédons que peu d'informations sur cette nouvelle variété.

EXIGENCES: E: Préfère le plein soleil.
S: S'adapte à diverses conditions.
H: Idéal pour les terrains humides.
R: Très bonne rusticité.
T: Supporte la taille.

UTILISATIONS: En isolé dans les grands espaces ou les endroits humides.

Sorbus alnifolia

SORBIER DE CORÉE — Alisier du Japon
Korean Mountain Ash

ZQ: C- / F / G
ZC: 4b

DESCRIPTION: H: 10 m L: 7 m
Arbre de forme symétrique, pyramidale, devenant ovale avec l'âge.
Tronc droit à écorce grise, unie: ramifications érigées.
Feuilles simples, ovales, bout pointu, base ronde.
Feuillage dense, vert clair lustré dessus, grisâtre dessous.
Coloration automnale orange à rouge.
Floraison en corymbes blancs vers la mi-mai.
Fruits sous forme de baies en grappes rouge orangé.
Racines peu nombreuses.
Croissance moyenne.

EXIGENCES: E: Le plein soleil lui est favorable.
S: Peu exigeant, il préfère cependant un sol léger et sablonneux.
H: Un sol frais, bien drainé permet une croissance maximum. Il faut éviter les atmosphères trop sèches.
R: Rustique, peu résistant à la pollution, il est résistant à la maladie.
T: Tailler tôt au printemps.

UTILISATIONS: Principalement en isolé sur une pelouse, ou comme arbre de rue ou d'alignement.

Sorbus aria 'Lutescens'

ALISIER BLANC LUTESCENS — Sorbier Lutescens
Lutescens Whitebeam

ZQ: G
ZC: 4

DESCRIPTION: H: 10 m L: 6 m
Petit arbre au port pyramidal s'élargissant avec l'âge.
Écorce rougeâtre et gercée avec l'âge.
Les jeunes feuilles sont duveteuses sur les deux côtés,
donnant à la plante un aspect argenté. Par la suite le
feuillage prend une teinte vert foncé avec des reflets
blanchâtres qui proviennent du dessous des feuilles.
Feuilles simples, ovales, épaisses, arrondies à la base.
Feuillage d'une belle teinte rouille et or à l'automne.
Fleurs blanc crème en corymbes au printemps.
Tôt à l'automne des fruits ovoïdes, rouge orangé apparaissent.
Racines fasciculées.
Croissance moyenne.

EXIGENCES: E: Le plein soleil est indispensable.
S: S'adapte bien dans les sols calcaires.
H: Préfère les terrains frais mais supporte une légère
sécheresse.
R: Rustique. Très bonne résistance à la pollution.
T: Éviter de tailler.

UTILISATIONS: En isolé ou en alignement, cet arbre prendra toute sa
valeur.

Sorbus aria 'Magnifica'
ALISIER BLANC MAGNIFICA — Sorbier Magnifica
Magnifica Whitebeam

ZQ: G
ZC: 4

DESCRIPTION: H: 12 m L: 8 m
Arbre au port pyramidal quand il est jeune mais dont
la couronne s'élargit avec l'âge.
Tronc à écorce rougeâtre et gercée avec l'âge.
Grandes feuilles épaisses, vert foncé dessus, très duve-
teuses dessous et persistant longtemps à l'automne. Les
feuilles simples, ovales, prennent de belles teintes rouille
et or à l'automne.
Fleurs blanc crème en corymbes donnant des fruits rouge
orangé à l'automne.
Racines en faisceaux.
Croissance moyenne.

EXIGENCES: E: Demande le plein soleil.
S: Les sols calcaires lui conviennent bien.
H: Un terrain frais bien drainé est préférable.
R: Rustique. Résiste bien à la pollution.
T: Éviter de tailler.

UTILISATIONS: Utile en isolé dans les aménagements paysagers. C'est
aussi un bon arbre de rue.

Sorbus aria 'Majestica'
ALISIER BLANC MAJESTICA — Sorbier Majestica
Majestica Whitebeam

ZQ: G
ZC: 4

DESCRIPTION: H: 12 m L: 8 m
Arbre à cime ovale plus ou moins conique.
Écorce des tiges lisse et grise devenant brun rougeâtre.
Feuilles grandes, ovales, assez larges, recouvertes de
duvet blanc lorsqu'elles apparaissent. Par la suite elles
deviennent vert foncé lustré dessus, blanchâtres des-
sous. Feuillage jaune à l'automne.
Fleurs blanches réunies en corymbes, vers le mois de
mai.
Fruits arrondis, rouge orange en septembre.
Racines fasciculées.
Croissance moyenne.

EXIGENCES: E: Le plein soleil est préférable.
S: S'adapte à tous les sols surtout s'ils sont calcaires.
H: Préfère un sol frais, bien drainé et résiste à la
sécheresse.
R: Bonne rusticité. Résiste à la pollution.
T: Éviter de tailler

UTILISATIONS: Très belle plante à utiliser en isolée ou en alignement.

Sorbus aucuparia

SORBIER DES OISEAUX — Sorbier des oiseleurs
European Mountain Ash — Common Rowan —
Quickbeam

ZQ: C- / D- / E / F / G /
ZC: 3

DESCRIPTION: H: 10 m L: 6 m
Arbre au port érigé et à cime arrondie, irrégulière.
Tronc à écorce grise et lisse. Branches érigées portant
des rameaux gris-brun, plus ou moins retombants.
Feuilles composées, aux folioles lancéolées dentées, ver-
tes dessus, grisâtres dessous.
À l'automne le feuillage vire au rouge.
Fleurs blanches, en corymbes, donnant une profusion
de fruits rouge vif persistant longtemps sur l'arbre.
Racines fasciculées.
Croissance moyenne à rapide suivant le type de sol.

EXIGENCES: E: Demande le plein soleil mais résiste à une ombre
légère.
S: S'adapte à tous les sols qu'ils soient argileux, pierreux
ou sablonneux. Un sol riche favorise la croissance.
H: Aime les sols légèrement secs ou moyennement
humides.
R: Rustique, mais sensible à la brûlure bactérienne.
T: Supporte bien la taille. Ne pas tailler les grosses
branches.

UTILISATIONS: En groupe ou en isolé. Très intéressant pour sa fructification.

Sorbus aucuparia 'Asplenifolia'
SORBIER À FEUILLES LACINIÉES
Cut Leaf European Mountain Ash

ZQ: C- / D- / E- / F / G /
ZC: 3

DESCRIPTION: H: 10 m L: 6 m
Arbre au port érigé et à cime arrondie.
Tronc à écorce gris-brun.
Feuilles composées. Les folioles sont profondément découpées, un peu comme celles d'une fougère. Le revers des feuilles est très duveteux.
Fleurs blanches, en corymbes, donnant de nombreux fruits rouges.
Racines fasciculées.
Croissance moyenne.

EXIGENCES: E: Il préfère le plein soleil mais peut supporter une ombre légère.
S: S'adapte aux sols argileux, sablonneux ou pierreux en autant qu'ils soient riches.
H: Demande un sol frais, bien drainé sans excès.
R: Rustique. Sensible à la maladie bactérienne.
T: Supporte bien la taille qui est toutefois à éviter.

UTILISATIONS: C'est en isolée que cette plante prendra toute sa valeur décorative.

Sorbus aucuparia 'Edulis'
        SORBIER DE MORAVIE
        Moravia Mountain Ash

ZQ: C- / D- / E- / F / G
ZC: 4

DESCRIPTION: H: 12 m L: 7 m
           Arbre à cime ronde, régulière.
           Tronc à écorce gris-brun, portant des branches érigées.
           Feuilles composées, plus grandes que chez Sorbus aucuparia.
           Le feuillage est aussi plus brillant. Les pétioles sont pourpres.
           Floraison blanche en corymbes, au printemps.
           Fruits en forme de grosse baie, comestibles, rouge orangé. Les fruits ont une saveur aigre mais agréable.
           Racines en faisceaux.
           Croissance moyenne.

EXIGENCES: E: Supporte une ombre légère mais un site protégé est préférable.
          S: Lourd, argileux, calcaire et riche.
          H: Bonne résistance à la sécheresse. Aime la fraîcheur du sol, sans excès.
          R: Rustique, il résiste bien à la pollution. Sensible à la brûlure bactérienne.
          T: Tailler le moins possible.

UTILISATIONS: En groupe dans les grands espaces ou en isolé dans les aménagements paysagers.

Sorbus aucuparia 'Fastigiata'
SORBIER DES OISEAUX FASTIGIÉ
Upright European Mountain Ash — Pyramidal
Mountain Ash

ZQ: C- / D- / E- / F / G
ZC: 4

DESCRIPTION: H: 10 m L: 3 m
Arbre au port colonnaire.
Tronc court portant des branches et des rameaux dressés, brun orangé.
Feuilles grandes, vert foncé, découpées et ondulées, donnant un aspect particulier à la feuille.
Fleurs blanches en corymbes donnant des fruits rouge écarlate en grande quantité. Leur poids peut aller jusqu'à faire courber les rameaux secondaires.
Racines en faisceaux.
Croissance lente.

EXIGENCES: E: Résiste à une ombre légère, mais demande le plein soleil.
S: Que le sol soit argileux, pierreux ou calcaire, il doit toujours être riche.
H: Demande de l'humidité mais sans excès.
R: Rustique, mais sujet à la brûlure bactérienne.
T: Éviter de tailler.

UTILISATIONS: Excellente plante pour les petits espaces; on l'utilise en isolée ou pour la plantation de rues peu achalandées.

Sorbus aucuparia 'Pendula'
SORBIER DES OISEAUX PLEUREUR — Sorbier pleureur
Weeping European Mountain Ash

ZQ: C- / D- / E- / F- / G
ZC: 5

DESCRIPTION: H: 3 m L: 3 m
Arbre au port pleureur, irrégulier.
Tronc droit portant des branches peu nombreuses. Les rameaux, tournés en tous sens, sont retombants.
Feuilles composées aux folioles lancéolées, dentées, vertes dessus, grisâtres dessous.
À l'automne, le feuillage vire au rouge.
Fleurs blanches en corymbes donnant un profusion de fruits rouge vif.
Racines fasciculées.
Croissance moyenne.

EXIGENCES: E: Demande le plein soleil, mais résiste à une ombre partielle.
S: Quel que soit le type de sol il doit être riche.
H: Un terrain frais, sans excès, convient bien.
R: Peu rustique; il faut le planter dans les endroits abrités.
T: La taille intervient pour la formation seulement.

UTILISATIONS: C'est une très belle plante à utiliser en isolée.

Sorbus aucuparia 'Rossica'
SORBIER DE RUSSIE
Russian Mountain Ash

ZQ: C- / D- / E- / F / G
ZC: 3

DESCRIPTION: H: 12 m L: 7 m
Arbre au port pyramidal large, s'ouvrant à maturité.
Tronc à écorce gris-brun portant des branches dressées.
Feuilles composées aux folioles vertes, tomenteuses des-
sous, plus dentées que chez Sorbus aucuparia. Les pé-
tioles sont rougeâtres.
Les feuilles prennent une belle teinte rouge à l'automne.
Fleurs blanches en corymbes donnant des gros fruits
rouge foncé.
Racines fasciculées.
Croissance moyenne.

EXIGENCES: E: Demande le plein soleil mais résiste à une ombre
légère.
S: S'adapte aux sols calcaires. Préfère les sols riches.
H: Un sol frais, sans excès, permet une bonne croissance.
R: Rustique. Sensible à la brûlure bactérienne.
T: La taille est utilisée pour la formation. Il faut par la
suite éviter de tailler les grosses branches.

UTILISATIONS: C'est une bonne plante à utiliser en isolée ou en groupe
dans les grands espaces.

Sorbus aucuparia 'Xanthocarpa'
SORBIER DES OISEAUX À FRUITS JAUNES
Yellow Fruit European Mountain Ash

ZQ: C- / D- / E- / F / G
ZC: 3

DESCRIPTION: H: 12 m L: 9 m
Arbre au port pyramidal large quand il est jeune, puis s'ouvrant avec l'âge.
Écorce brun rougeâtre.
Feuilles composées aux folioles vertes, grisâtres dessous.
À l'automne le feuillage devient rougeâtre.
Fleurs blanches, odoriférantes, en corymbes, au printemps.
Fruits jaunes à jaune orangé, très décoratifs.
Racines fasciculées.
Croissance moyenne.

EXIGENCES: E: Le plein soleil est indispensable pour permettre une belle coloration des fruits.
S: S'adapte aux sols argileux, sablonneux ou pierreux, en autant qu'ils soient riches.
H: Demande un sol frais, bien drainé, sans excès d'humidité.
R: Rustique. Sensible à la maladie bactérienne.
T: Tailler uniquement lors de la formation. Sinon éviter de tailler.

UTILISATIONS: C'est en isolé que cet arbre prend toute sa valeur ornementale. Il peut aussi être utilisé en groupe, en contraste avec d'autres arbres.

* *Sorbus decora*

SORBIER PLAISANT — Sorbier monticole
Showy Mountain Ash

ZQ: A- / B / C / D / E / F / G /
ZC: 2

DESCRIPTION: H: 8 m L: 5 m
Petit arbre de forme ovoïde.
Tronc court, parfois multiple; branches érigées.
Écorce lisse, puis légèrement écailleuse avec l'âge, jaunâtre orangé à bronze. Les rameaux sont rougeâtres.
Feuilles composées, de 11 à 15 folioles, en forme de lance, légèrement dentées. Le feuillage, vert glauque à l'été, prend de belles teintes orange, rouges à pourpres à l'automne.
Fleurs blanches, en corymbes vers le début de juin.
Fruits sous forme de baies rouges ou orangées.
Racines en faisceaux.
Croissance moyenne.

EXIGENCES: E: Réclame le plein soleil.
S: Préfère les sols sableux, légers, acides ou neutres. S'adapte bien à toutes les conditions.
H: Peu lui importe que le sol soit sec ou humide, bien ou mal drainé.
R: Très rustique mais sensible à la pollution.
T: La taille est peu utilisée.

UTILISATIONS: C'est une excellente plante à fruits décoratifs pour les régions froides. Elle peut être utilisée en isolée ou en association avec d'autres plantes.

Sorbus intermedia

ALISIER DE SUÈDE — Aliser blanc de Suède —
Alisier du Nord
Swedish Whitebeam
ZQ: C- / D- / E- / F / G
ZC: 4

DESCRIPTION: H: 10 m L: 6 m
Petit arbre au port érigé et à cime dense et arrondie.
Tronc court, à écorce lisse, grise. Les jeunes rameaux
portent un duvet laineux, très voyant. Les branches sont
serrées et ascendantes, parfois horizontales ou pen-
dantes.
Feuilles simples, ovales, larges, à bout arrondi. La face
supérieure est vert foncé brillant, mais le dessous est gris
clair.
Feuillage rougeâtre à l'automne.
Fleurs en corymbes, blanches au printemps.
Gros fruits, rouge orangé, sous forme de baies, persis-
tant en hiver.
Racines fasciculées.
Croissance moyenne.

EXIGENCES: E: Le plein soleil mais supporte une ombre légère.
S: Un sol léger, sableux et riche lui convient.
H: Préfère un sol bien drainé et frais.
R: Rustique. Résiste très bien à la pollution.
T: Éviter de tailler.

UTILISATIONS: Utile comme arbre de rue, il peut aussi être utile en isolé
ou en association avec d'autres arbres.

Sorbus (X) ***thuringiaca*** 'Fastigiata'
SORBIER À FEUILLES DE CHÊNE — Sorbier hybride
Oakleaf Mountain Ash

ZQ: E- / F- / G
ZC: 4

DESCRIPTION: H: 8 m L: 2,50 m
Arbre de petite dimension, au port colonnaire, compact, s'élargissant avec l'âge.
Tronc court, parfois multiple, portant des branches érigées.
Feuilles crénelées, ressemblant à celles du chêne, mais plus larges. Vert tendre dessus, grisâtres dessous, les nervures sont très apparentes.
Fleurs blanches en corymbes.
Fruits sous forme de baies rouge orangé.
Racines étalées.
Croissance lente.

EXIGENCES: E: Le plein soleil est indispensable.
S: Préfère les sols plutôt argileux, mais il s'adapte bien à tous les sols.
H: Demande un sol frais.
R: Rusticité plus ou moins bonne; il faut préférablement le planter en situation abritée. Sensible à la brûlure bactérienne.
T: Éviter de tailler les grosses branches.

UTILISATIONS: C'est un arbre très utile pour l'alignement dans les rues.
C'est un arbre idéal en isolé dans les petits jardins.

Syringa meyeri 'Palibin' (sur tige)
LILAS PALIBIN (sur tige)

Syringa meyeri 'Palibin'; (sur tige)
(Syringa patula - Syringa velutina)

LILAS PALIBIN (sur tige)
Palibin Lilac — Dwarf Tree Lilac — Korean Lilac

ZQ: A- / B- / C / D / E / F / G
ZC: 2b

DESCRIPTION: H: 2 m L: 2 m
Généralement un arbuste, il est ici greffé sur une tige de 1 m à 1,50 m de haut.
C'est un petit arbre à cime arrondie, régulière et compacte.
Tronc court portant des branches érigées aux rameaux nombreux.
Feuilles petites, elliptiques, vert mat dessus et grisâtres dessous.
Le feuillage est gracieux et léger.
Fleurs en panicules dressées, lilas clair, au début de juin.
Une deuxième floraison moins importante suit parfois en septembre.
La floraison très abondante est odorante.
Pas de fruit observé.
Racines traçantes, peu développées.
Croissance lente.

EXIGENCES: E: S'adapte à une ombre légère, mais le plein soleil permet une floraison maximum.
S: Peut croître dans tous les sols, mais préfère un sol fertile, légèrement calcaire.
H: Un sol humide, bien drainé, favorise la croissance.
R: Très rustique; toutefois il faut protéger la greffe les premières années.
T: Tailler après la floraison en supprimant les fleurs fanées.

UTILISATIONS: Très beau petit arbre à utiliser dans les aménagements paysagers où l'espace est restreint. C'est en isolé sur la pelouse ou dans une plate-bande qu'il prend toute sa valeur.

Syringa reticulata 'Ivory Silk' C.O.P.F.
LILAS IVORY SILK
Ivory Silk Tree Lilac

ZQ: A- / B- / C / D / E / F / G
ZC: 2

DESCRIPTION: H: 8 m L: 3 m
Petit arbre élancé au port ovale, plutôt compact.
Tronc droit à écorce rougeâtre, brillante. Branches érigées à étalées.
Feuilles simples, amples, ovales, pointues au bout, vert vif brillant dessus et grisâtres dessous.
Floraison spectaculaire en grandes panicules blanc crème apparaissant tardivement, début juillet.
Racines plutôt traçantes, superficielles.
Croissance moyenne.

EXIGENCES: E: Supporte une ombre légère, mais préfère le plein soleil.
S: S'adapte à tous les types de sols, mais préfère un sol neutre ou calcaire.
H: Aime les sols frais, mais sans excès.
R: Très rustique. Supporte bien la pollution.
T: Tailler après la floraison

UTILISATIONS: Intéressant comme arbre de rue, il peut aussi être utilisé en isolé ou en association avec d'autres plantes.

Syringa vulgaris (sur tige)
LILAS COMMUN SUR TIGE
Common Tree Lilac

ZQ: A- / B- / C / D / E / F / G
ZC: 3b

DESCRIPTION: H: 3 m L: 2 m
Les plantes décrites ici sont, en fait, des lilas français greffés sur une tige. Cela donne en général de petits arbres à tête arrondie, irrégulière.
Ces plantes possèdent toutes les caractéristiques des variétés françaises.
On trouve le plus souvent comme variété:
-'Charles Joly': feuillage vert foncé. Fleurs rouges, doubles, très odorantes.
-'Madame Lemoine': fleurs blanches, doubles, très florifères.
Racines traçantes produisant des rejets.
Croissance moyenne.

EXIGENCES: E: Demande du soleil, mais peut supporter un ombrage léger.
S: S'adapte à tous les sols, mais redoute les sols acides et préfère les sols fertiles.
H: Nécessite un sol frais, sans excès.
R: Rustique, il faut cependant protéger la greffe durant les premières années.
T: Tailler après la floraison en supprimant les fleurs fanées.

UTILISATIONS: Principalement en isolé.

* *Tilia americana*
TILLEUL D'AMÉRIQUE — Bois blanc
American Linden

ZQ: C / D- / E / F / G
ZC: 3

DESCRIPTION: H: 25 m L: 18 m
Arbre au port pyramidal régulier quand il est jeune, pour devenir ovale avec l'âge.
Tronc à écorce épaisse, gris-brun et rugueuse avec l'âge. Branches étalées.
Feuilles simples, grandes, largement en forme de coeur, pointues au bout. Le feuillage, vert foncé dessus, vert clair dessous, prend une teinte jaune pâle à l'automne.
Fleurs blanc jaunâtre, odorantes, fin juin-juillet, et produisant des fruits sans intérêt décoratif.
Racines à 2 ou 3 pivots profonds.
Croissance moyenne.

EXIGENCES: E: Peut aussi bien aller au plein soleil qu'à l'ombre.
S: Préfère un sol fertile, profond et neutre.
H: Un sol frais permet une bonne croissance.
R: Très rustique, il supporte plus ou moins bien les conditions urbaines.
T: Supporte bien la taille si cela est nécessaire mais sa forme régulière évite ce travail.

UTILISATIONS: Dans les grands espaces, en groupe ou en isolé. Intéressant pour la naturalisation.

Tilia americana 'Redmond'
TILLEUL D'AMÉRIQUE REDMOND —
Tilleul Redmond
Redmond American Linden

ZQ: C- / E- / F / G
ZC: 3

DESCRIPTION: H: 17 m L: 10 m
Arbre au port pyramidal, étroit, régulier et dense.
Tronc droit à écorce grisâtre se fissurant avec l'âge. Tige
principale forte d'où partent des branches étalées.
Grandes feuilles en forme de coeur, pointues au bout,
vert clair.
Petites fleurs odorantes à la fin de juin.
Fruits insignifiants.
Racines à plusieurs pivots.
Croissance moyenne.

EXIGENCES: E: Demande le plein soleil mais supporte l'ombrage.
S: Préfère un sol riche, profond et neutre.
H: Un sol frais est favorable.
R: Bonne rusticité. Résiste à la pollution.
T: Utilisée pour la formation en pépinière seulement.

UTILISATIONS: En isolé dans les aménagements paysagers. Utile aussi
comme arbre d'alignement.

Tilia cordata

TILLEUL À PETITES FEUILLES — Tilleul des bois
Little-leaf Linden

ZQ: D- / E- / F- / G
ZC: 3

DESCRIPTION: H: 15 m L: 7 m
Arbre pyramidal quand il est jeune, devenant conique
à ovoïde avec l'âge.
Tronc droit à écorce rougeâtre, crevassée avec l'âge, por-
tant de nombreuses branches brunes.
Feuilles simples, petites, en formes de coeur, pointues
au bout, dentées.
Le feuillage, vert foncé luisant dessus, glauque dessous,
prend une belle teinte jaune à l'automne.
Fleurs jaunâtres, odorantes en juin-juillet.
Fruits ovoïdes.
Racines traçantes produisant des rejets.
Croissance moyenne.

EXIGENCES: E: Le plein soleil, mais supporte une ombre légère.
S: S'adapte à tous les sols, mais préfère un sol fertile,
profond, légèrement calcaire.
H: Ne supporte pas la sécheresse prolongée. On le
plante donc en terrain frais et bien drainé.
R: Rustique; il faut éviter les endroits trop venteux.
Résiste bien à la pollution.
T: Supporte bien la taille.

UTILISATIONS: C'est une plante à utiliser en groupe ou en isolée dans
les grands espaces. Elle est aussi très intéressante comme
arbre d'alignement.

Tilia cordata 'De Groot' C.O.P.F.
TILLEUL DE GROOT
De Groot Linden

ZQ: D- / E- / F- / G
ZC: 3

DESCRIPTION: H: 12 m L: 4 m
Arbre à cime conique, compacte, régulière.
Tronc droit, à écorce gris-brun, fissurée avec l'âge. Branches érigées devenant de plus en plus horizontales avec l'âge.
Feuilles petites, en forme de coeur, pointues au bout.
Le feuillage, vert foncé l'été, prend une teinte jaune à l'automne.
Floraison jaunâtre, abondante, odorante au début de l'été.
Croissance lente.

EXIGENCES: E: Peut convenir au plein soleil ou à l'ombre légère.
S: A une bonne faculté d'adaptation, mais préfère un sol fertile.
H: Un sol frais, bien drainé, permet une bonne croissance.
R: Rustique, il est aussi bien résistant à la pollution.
T: Supporte bien la taille.

UTILISATIONS: C'est un excellent arbre de rue qui peut aussi être utilisé en isolé dans les petits jardins.

Tilia cordata 'Glenleven'
TILLEUL GLENLEVEN — Tilleul à petites feuilles
Glenleven
Glenleven Linden

ZQ: D- / E- / F- / G
ZC: 3

DESCRIPTION: H: 15 m L: 7 m
Arbre au port conique, régulier, s'élargissant un peu avec l'âge.
Tronc très droit à écorce rougeâtre portant un axe central fort d'où partent des branches semi-érigées.
Feuilles moyennes, en forme de coeur, épaisses et luisantes.
Feuillage vert foncé tournant au jaune à l'automne.
Petites fleurs blanc-jaune, odoriférantes en juin.
Fruits insignifiants.
Racines traçantes, superficielles.
Croissance moyenne.

EXIGENCES: E: Préfère le plein soleil.
S: Un sol fertile, profond, légèrement calcaire est favorable.
H: Éviter les sols séchant facilement. Il demande un sol frais, bien drainé.
R: Rustique, il s'adapte bien aux conditions urbaines.
T: La taille est inutile.

UTILISATIONS: C'est un excellent arbre de rue qui ne demande que peu d'entretien. Il peut aussi être utilisé en isolé dans les petits jardins ou en groupe dans les grands espaces.

Tilia cordata 'Green Globe' C.O.P.F.
TILLEUL GREEN GLOBE — Tilleul à petites feuilles
Green Globe
Green Globe Linden

ZQ: D- / E- / F- / G
ZC: 4

DESCRIPTION: H: 5 m L: 4 m
Petit arbre à cime ronde et compacte.
Tronc droit à écorce gris-brun portant des branches hori-
zontales.
Feuilles petites, en forme de coeur, d'un beau vert foncé.
Pas de floraison ni de fructification observées.
Racines traçantes.
Croissance lente.

EXIGENCES: E: Un site ensoleillé est préférable.
S: S'adapte à tous les sols mais préfère un sol fertile,
profond et plutôt calcaire.
H: Un terrain frais, bien drainé permet une bonne
croissance.
R: Rustique; il faut cependant éviter les situations trop
venteuses.
T: La taille est inutile.

UTILISATIONS: Très belle plante à isoler dans les petits aménagements
paysagers. Intéressant comme arbre de rue, notamment
là où la place est restreinte.

Tilia cordata 'Greenspire'
TILLEUL GREENSPIRE
Greenspire Linden

ZQ: D- / E- / F- / G
ZC: 3

DESCRIPTION: H: 15 m L: 12 m
Arbre au port ovoïde, large, régulier.
Tronc droit à écorce gris-brun, lisse, se fissurant avec l'âge.
Branches principales érigées, branches secondaires plus ou moins étalées.
Feuilles petites, en forme de coeur, épaisses, luisantes, vertes.
Fleurs jaunâtres en juin-juillet, suivies de fruits sans intérêt.
Racines étalées, superficielles.
Croissance rapide.

EXIGENCES: E: Peut aussi bien croître au soleil qu'à une ombre légère.
S: Un sol fertile, profond, plutôt calcaire est préférable.
H: Il faut éviter les sols secs et préférer les terrains frais, mais bien drainés.
R: Rustique, il résiste bien à la pollution.
T: La taille est inutile.

UTILISATIONS: C'est un excellent arbre d'ombrage que l'on peut utiliser en isolé dans les aménagements paysagers. Il est aussi utile comme arbre de rue.

Tilia cordata 'Sheridan Hybrids'
TILLEUL HYBRIDE SHERIDAN
Sheridan Hybrids Linden

ZQ: D- / E- / F- / G
ZC: 3

DESCRIPTION: H: 15 m L: 8 m
Arbre au port érigé, conique, dense et régulier.
Tronc très droit, à écorce gris-brun, portant un axe cen-
tral fort d'où partent des branches érigées dans le haut
et horizontales en bas.
Feuilles moyennes en forme de coeur, pointues au bout,
épaisses, vert foncé luisant.
Fleurs verdâtres, au début de l'été.
Fruits sans intérêt.
Racines traçantes.
Croissance moyenne.

EXIGENCES: E: Le plein soleil, mais supporte une ombre légère.
S: S'adapte facilement à tous les sols, mais préfère un
terrain fertile, profond et un peu calcaire.
H: Éviter les terrains secs; il préfère les terrains frais, bien
drainés.
R: Très rustique.
T: La taille est inutile.

UTILISATIONS: Cet arbre peut être utilisé soit en isolé, soit en association, soit en groupe ou encore comme arbre d'ali-
gnement.

Tilia (X) ***euchlora***
TILLEUL DE CRIMÉE
Crimean Linden

ZQ: F- / G
ZC: 5

DESCRIPTION: H: 15 m L: 7 m
Arbre au port conique large, dense et régulier.
Tronc portant des branches érigées dans le haut et éta-
lées dans le bas.
Avec l'âge, les rameaux pendent légèrement.
Feuilles en forme de coeur, de grandes dimensions,
pointues au bout et finement dentées. Feuillage vert bril-
lant dessus, glauque dessous, prenant une teinte jaune
pâle à l'automne.
Fleurs verdâtres, odorantes en juillet.
Fruits ovoïdes persistants.
Racines fasciculées.

EXIGENCES: E: Préfère le plein soleil.
S: Peu exigeant, il s'adapte facilement à tous les types
de sols.
H: Les terrains frais, bien drainés lui conviennent bien.
R: Peu rustique, doit être planté en situation abritée.
Résiste à la pollution.
T: Peu utilisée.

UTILISATIONS: C'est une très belle plante à utiliser en isolée ou en
groupe dans les grands espaces.

Ulmus americana

ORME D'AMÉRIQUE
American Elm

Depuis longtemps cet arbre majestueux habite nos pay-
sages québécois. Cependant, après l'introduction de la
maladie hollandaise, cette plante a été presque totale-
ment décimée.
Aucun remède sûr et efficace n'ayant été trouvé jusqu'à
maintenant, il est conseillé de ne pas planter cet arbre,
malgré sa beauté.

Ulmus carpinifolia

ORME À FEUILLES DE CHARME — Orme à feuilles lisses — Orme champêtre
Smooth Leaved Elm

ZQ: F- / G
ZC: 5

DESCRIPTION: H: 30 m L: 15 m
Arbre au port conique, large, irrégulier.
Tronc droit, écorce grise, profondément sillonnée, portant des branches courtes, presque horizontales.
Feuilles ovales, pointues au bout, dentées. La face supérieure de la feuille est vert foncé, le dessous plus pâle avec de légères touffes de poils.
Fleurs jaunâtres donnant des fruits ovales sous forme de samares.
Racines traçantes produisant des drageons.
Croissance rapide.

EXIGENCES: E: Demande le plein soleil.
S: S'adapte bien à toutes les conditions, mais préfère les sols riches, légèrement calcaires.
H: Préfère les sols humides, mais sans excès prolongés.
R: Peu rustique, il doit être planté en situation abritée. Résistant à la pollution c'est un des ormes les plus résistants à la maladie hollandaise.
T: Supporte la taille.

UTILISATIONS: Principalement en isolé dans les grands espaces.

Ulmus glabra 'Camperdownii'
ORME DE CAMPERDOWN — Orme parasol — Orme pleureur
Camperdown's Elm — Umbrella Elm

ZQ: C / D- / E- / F / G
ZC: 4b

DESCRIPTION: H: 6 m L: 9 m
Petit arbre au port nettement pleureur.
Sur un tronc droit de 2,5 m sont greffées des branches pendantes, formant un parasol.
Les branches, nombreuses, pendent tout comme les rameaux.
L'écorce du tronc est superficiellement gercée et écailleuse.
Feuilles simples, elliptiques, pointues au bout, vert foncé.
Fleurs printanières suivies rapidement de fruits en samares.
Racines fasciculées.
Croissance moyenne à lente.

EXIGENCES: E: Le plein soleil est indispensable.
S: Peu exigeant, il préfère cependant les terres profondes, fertiles et légères. Tolère le calcaire.
H: Supporte la sécheresse, mais préfère un sol frais, bien drainé.
R: Rustique. N'est pas attaqué par la maladie hollandaise.
T: Pour la formation, tailler à l'automne.

UTILISATIONS: C'est en isolé que l'on utilise cet arbre magnifique.

Ulmus pumila

ORME DE SIBÉRIE — Orme chinois
Siberian Elm — Chinese Elm

ZQ: A / C / D- / E / F / G
ZC: 3b

DESCRIPTION: H: 18 m L: 10 m
Arbre à cime arrondie, diffuse, irrégulière.
Tronc droit à écorce crevassée avec l'âge, grise. Branches ascendantes portant des rameaux flexibles, légèrement pendants.
Feuilles petites, elliptiques, pointues au bout, dentées. Feuillage plus ou moins dense, vert foncé, tournant au jaune à l'automne.
Fleurs jaunâtres donnant des samares.
Racines très traçantes, superficielles.
Croissance très rapide.

EXIGENCES: E: Très peu exigeant quant à la luminosité, il pousse aussi bien au soleil qu'à l'ombre.
S: S'adapte à tous les sols même s'ils sont pauvres, caillouteux, calcaires ou acides.
H: Très bonne résistance à la sécheresse.
R: Rustique. Supporte très bien la pollution même dans les situations les plus difficiles.
T: Supporte très bien la taille.

UTILISATIONS: En isolé, en groupe, en alignement dans les parcs, le long des routes ou terre-pleins des autoroutes. Peut aussi former des écrans. Plus utile que décoratif.

Ulmus pumila 'Globe' — ***Ulmus pumila*** 'Mophead'
ORME DE SIBÉRIE EN BOULE
Globe Siberian Elm

ZQ: A / C / D- / E / F / G
ZC: 3b

DESCRIPTION: H: 4 m L: 4 m
En réalité cet arbre n'est pas une variété mais une forme taillée de l'orme de Sibérie. Après avoir formé une tige, on taille la plante de façon à obtenir une boule régulière qui ne peut être maintenue dans sa forme que par la taille.

Mêmes caractéristiques que Ulmus pumila

EXIGENCES: Les mêmes que pour Ulmus pumila.

UTILISATIONS: On l'utilise principalement en isolé pour les devantures ou les petits jardins. Il peut aussi être utilisé dans les bacs.

Ulmus pumila 'Park Royal'
ORME DE SIBÉRIE PARK ROYAL
Park Royal Siberian Elm

ZQ: A / C / D- / E / F / G
ZC: 4b

DESCRIPTION: H: 18 m L: 10 m
Arbre à cime pyramidale, peu dense.
Tronc et branches principales érigés.
Branches secondaires et rameaux pendants.
Feuilles allongées, pointues au bout, dentées. Feuillage vert foncé tournant au jaune à l'automne.
Floraison et fructification sans intérêt.
Racines traçantes, superficielles, puissantes.
Croissance très rapide.

EXIGENCES: E: Pousse aussi bien au soleil qu'à l'ombre.
S: Très peu exigeant, il s'adapte à tous les sols, même pauvres.
H: Toutes les conditions lui conviennent.
R: Rustique et résistant à la pollution.
T: Supporte bien la taille.

UTILISATIONS: Idéal là où l'on recherche une ombre rapide. Utile en isolé ou en association.

Viburnum opulus 'Roseum' (sur tige)
VIORNE BOULE DE NEIGE SUR TIGE — Viorne obier
sur tige
European Cranberry-Tree.

ZQ: A- / B- / C- / D / E / F / G /
ZC: 3

DESCRIPTION: H: 2 m L: 2 m
Petit arbuste greffé sur tige donnant aussi un petit arbre
à cime arrondie.
Écorce gris-beige, claire. Rameaux dressés.
Feuilles ovales, étroites, vertes devenant rouge foncé à
l'automne.
Fleurs réunies en boules. Les fleurs, stériles, sont
d'abord blanc verdâtre puis deviennent blanches peu
avant de prendre une légère teinte rose au flétrissement.
Racines peu nombreuses, profondes.
Croissance moyenne.

EXIGENCES: E: Demande le plein soleil mais supporte une ombre
légère.
S: Un sol riche, profond, au pH neutre, lui convient
bien.
H: Préfère les sites humides.
R: Rustique; il est à planter de préférence dans les
endroits abrités.
T: Tailler après la floraison.

UTILISATIONS: Principalement en isolé dans les petits jardins.

Weigelia (X) 'Bristol Ruby' (sur tige)
WEIGELIA BRISTOL RUBY SUR TIGE
Bristol Ruby Weigelia Standard

ZQ: G
ZC: 5b

DESCRIPTION: H: 2,50 m L: 1 m
Arbuste greffé sur tige donnant un petit arbre au port arrondi.
Petit tronc court, tordu, à écorce brune.
Rameaux arqués, retombants.
Feuilles simples elliptiques, dentées, vert mat.
Floraison abondante, en mai-juin. Les fleurs ont une forme de trompette et sont de couleur rouge vif.
Fruits sous forme de capsules sèches.
Racines bien développées.
Croissance moyenne.

EXIGENCES: E: Peut supporter la mi-ombre mais l'abondance de la floraison est alors diminuée. On le plante donc au plein soleil.
S: Peu exigeant, il préfère cependant les sols sableux et fertiles.
H: Demande un sol frais.
R: Peu rustique; il faut le planter en situations abritées.
T: Tailler après la floraison.

UTILISATIONS: Principalement en isolé.

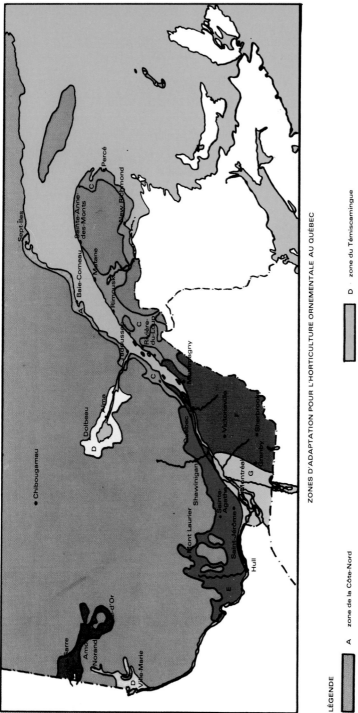

ZONES D'ADAPTATION POUR L'HORTICULTURE ORNEMENTALE AU QUÉBEC

LÉGENDE

A   zone de la Côte-Nord

B   zone de l'Abitibi

C   zone du Bas Saint-Laurent, Baie des Chaleurs, Charlevoix

D   zone du Saguenay-Lac Saint-Jean

D   zone du Témiscamingue

E   zone des Laurentides

F   zone de Québec et Cantons de l'Est

G   zone de Montréal-Outaouais

ÉCHELLE

40 20 0 20 40   80   120   160   200   300   400   500 km.

Dessinée d'après : Arbres et arbustes ornementaux pour le Québec, Ch.3, le zonage

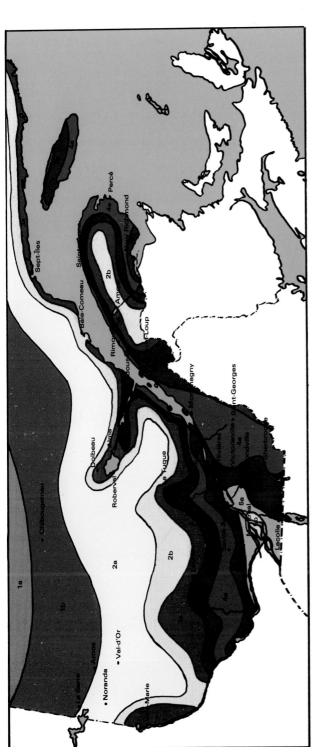

LES ZONES DE RUSTICITÉ POUR LES PLANTES
Établies pour tout le Canada

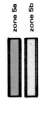

ÉCHELLE

40 20 0 20 40 80 120 160 200   300   400   500 km.

LÉGENDE

zone 1a	zone 3a
zone 1b	zone 3b
zone 2a	zone 4a
zone 2b	zone 4b

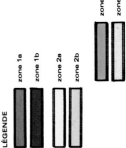

zone 5a
zone 5b

Dessinée d'après : Arbres et arbustes
ornementaux pour le Québec, Ch.4, l'inventaire

BIBLIOGRAPHIE

AFNOR (Association française de normalisation), *Normes des plantes de pépinières ornementales*, Paris, 1980.

Belot, André, *Dictionnaire des arbres et arbustes de jardin*, Bordas, Paris, 1978.

Bernard, H., Landry, J., Roy, L.-P. et Oemichen, F., *Arbres et arbustes ornementaux pour le Québec, L'inventaire et le zonage*, Éditeur officiel du Québec, Service des publications, 1980.

Bourque, Pierre, *Utilisations des végétaux. Arbres et arbustes.* Jardin botanique de Montréal, Montréal.

Brockman, Zim, Merriless, *Guide des arbres de l'Amérique du Nord*, Éditions Marcel Broquet, La Prairie, 1982.

Brossard, René et Cuisance, Pierre, *Arbres et arbustes d'ornement des régions tempérées et méditerranéennes*, Technique et documentation, Lavoisier et J.B. Baillière, Paris, 1984, additif 1986.

Brosse, Jacques, *Arbres d'Europe occidentale*, Bordas, Paris, 1977.

Buckley A.R., *Trees and Shrubs of the Dominion Arboretum*, Agriculture Canada, 1980.

Detriché, Charles, *Le Detriché*, Pépinières Charles Detriché, Angers, 1977.

Dirr, Micheal A., *Manual of Woody Landscape Plants*, 1977, Photographic Manual of Woody Landscape, 1978, Stipes Publishing Company, Illinois.

Divers auteurs, *Hortus Third*, MacMillan Publishing Co. Inc., New York.

Divers auteurs, *Plantes de jardin*, Bordas, Paris, 1984.

Divers auteurs, *Végétaux d'ornement et fruitiers à la carte*, Horticolor, Lyon, 1982.

Dumont, Bertrand, *Guide des Végétaux d'ornement pour le Québec, tome 1. Les conifères et arbustes à feuillage persistant*, Éditions Marcel Broquet, La Prairie, 1987.

Edinger, Philip, *Pruning Handbook*, Sunset Book, Lane Publishing Co., California, 1983.

Frère Marie-Victorin, *Flore laurentienne*, Presses de l'Université de Montréal, 1964.

Fournier, P., *Arbres, arbustes et fleurs de pleine terre*, tomes I, II, III et Atlas, Éditions Paul Lechevalier, Paris, 1951-52.

Grisvard, Paul et collaborateurs, *Le Bon jardinier*, tomes I et II, La Maison Rustique, Paris, 1964.

Harrison L. Flint, *Landscape Plants for Eastern North America*, Wiley-Interscience, New York, 1984.

Hessayon D.G., *The tree and shrub expert*, Britannica House, England, 1983.

Hightshoe G.L., *Native tree for urban and rural America*, Iowa State University, Iowa, 1978.

Hillier, *Hillier's manual of trees and shrubs*, Van Norstrand Rheinhold Company, New York.

Hudack, Joseph, *Trees for every purpoise*, McGraw-Hill Book Company, New York, 1980.

Kremer, B.P., *Les arbres*, Paris, 1986.

Krussman, G., *Cultivated Broad-Leaved, Trees and Shrubs*, volumes I, II, III, Timber Press.

Lancaster, R., *Les arbres de nos jardins*, Éditions Floraisse, Paris, 1974.

Lane, Peter, *L'alimentation des Oiseaux*, Éditions Marcel Broquet, La Prairie, 1987.

Lauriault, Jean, *Guide d'identification des Arbres du Canada*, Éditions Marcel Broquet, La Prairie, 1988.

Lewis, C.E., *Flowering Trees*, Brooklyn Botanic Garden, New York, 1984.

Martineau, René, *Insectes nuisibles des forêts de l'Est du Canada*, Éditions Marcel Broquet, La Prairie, 1985.

Montagne, P., *La taille des arbres et arbustes d'ornement*, Rustica, Paris, 1984.

Mottet, S. et Ham, J., *Arbres et arbustes d'ornement*, J.-B. Baillière et fils, Paris, 1968.

Micheaux, Jean-Pierre, *Dictionnaire sélectif des arbres, des plantes et des fleurs*, Français-Anglais, Anglais-Français, Orphys, Paris, 1979.

Phillips, R., *Les arbres*, Bordas, Paris, 1986.

Richard, Jean, *Fruits et petits fruits, production écologique*, Éditions Marcel Broquet, La Prairie, 1987.

Sherk, C.L. et Buckley, A.R., *Arbustes ornementaux pour le Canada*, Agriculture Canada, Ottawa, 1972.

Sunset, M.P., *Plants that merit attention*, volume I, Trees, Timber Press.

Testu, Charlotte, *Arbustes et arbrisseaux de nos jardins*, Maison Rustique, Paris, 1972.

Testu, Charlotte, *Arbres feuillus de nos jardins*, Maison Rustique, Paris, 1976.

Zion, R.L., *Trees for architecture and the landscape*, Van Norstrand Rheinhold Company, New York, 1979.

REVUES CONSULTÉES

American Horticulturist

American Nurseryman

Arnoldia de Arnold Arboretum

Brooklyn Botanic Garden Record - Plants & Gardens

Jardins de France

Québec vert

La revue horticole

GLOSSAIRE

Acidophiles: Se dit des plantes qui préfèrent les sols acides pour se développer.

Amendement: Substance que l'on incorpore au sol dans le but d'en modifier les qualités. Il ne faut pas confondre avec l'engrais qui a, lui, un rôle de nutrition.

Adventif: Organe naissant sur une partie de la plante qui, d'ordinaire, ne le porte pas.

Akène: Fruit sec.

Alignement: Se dit des arbres en rangée le long des rues.

Arbrisseau: Plante ligneuse atteignant de 1 à 3 mètres.

Arbuste: Plante ligneuse de dimension moyenne, soit moins de 7 mètres.

Aromatique: Qui dégage un parfum.

Ascendant: Couché à la base puis redressé.

Baie: Fruit charnu entouré de tissu plus ou moins mou.

Branche: Division d'un tronc. Porte généralement des rameaux.

Buissonnant: Se dit d'un arbrisseau ou d'un arbuste touffu dès la base.

Caduques: Se dit des parties végétales qui tombent rapidement après avoir rempli leur fonction (fleurs, feuilles).

Calcifuge: Qui ne peut pousser dans un sol calcaire.

Capsule: Fruit sec s'ouvrant en plusieurs valves.

Cépée: Ensemble de branches qui se développent sur la souche d'un arbre taillé près du sol.

Charnu: Fruit dont la ou les graines sont enfermées à l'intérieur de tissu plus ou moins mou.

Chaton: Ensemble de fleurs réunies en épis flexibles et pendants.

Cime: Ensemble des branches supérieures portées par le tronc d'un arbre.

Clone: Groupe de plantes identiques, issues par multiplication végétative d'un sujet unique.

Colonnaire: Qui a l'aspect d'une colonne.

Compact: Qui forme une masse épaisse, dense et serrée.

Composées: Feuilles qui se composent de plusieurs parties qui peuvent se séparer les unes des autres sans déchirement.

Cône: Fruit de forme conique, composé d'écailles sous lesquelles sont insérées les graines.

Conique: En forme de cône.

Corymbe: Ensemble de fleurs disposées en bouquet arrondi formant une espèce de parasol.

Couronne: Synonyme de cime.

Couvre-sol: Se dit des plantes rampantes ou tapissantes.

Craquelé: Couvert de fentes, de fissures.

Crénelée: Feuille aux bords garnis de dents larges et arrondies.

Cylindrique: En forme de cylindre.

Dentée - Dentelée: Feuille dont les bords sont garnis de dents.

Denticulé: Finement denté.

Dimorphe: Qui a deux formes différentes.

Divergents: Qui se dirigent dans des sens différents.

Drageonner: Produire des tiges adventives sur une racine.

Drupe: Fruit charnu renfermant un noyau vers le centre du fruit (ex.: la cerise).

Duveteux: Recouvert de duvet, couvert de petits poils fins et soyeux.

Écailleux: Formé d'écailles ou ayant l'aspect et la consistance d'une écaille.

Ellipse: Ovale allongé.

Elliptique: Ayant la forme d'une ellipse.

Épine: Pointe dure et aiguë rencontrée le plus souvent sur le bois.

Érigé: En horticulture c'est un synonyme de dressé; le contraire d'étalé.

Étalé: Se dit généralement d'un arbre qui est plus large que haut; le contraire de dressé.

Étamine: Organe mâle de certains végétaux ayant des formes variées.

Exfolier: Se séparer par lames minces et superficielles. En général, ce sont des parties mortes qui se détachent du tronc ou des branches.

Fasciculé: Disposé en faisceau.

Fertile: Qualité d'un sol qui produit en abondance.

Filiforme: Fin et allongé comme un fil.

Flèche: Partie terminale de la tige d'un arbre.

Foliole: Petite feuille que l'on retrouve chez les feuilles composées.

Fructification: Désigne l'importance et la quantité des fruits produits.

Gelivures: Blessures provoquées par le gel sur le tronc et l'écorce des arbres. Peut aussi s'appliquer aux branches.

Gercées: Se dit des écorces portant de petites crevasses.

Glabre: Dépourvu de poils.

Glauque: Bleuâtre qui rappelle l'eau de mer.

Globulaire — Globuleux: À peu près rond ou sphérique.

Gourmand: Pousse très vigoureuse qui se développe au détriment de la plante.

Gousse: Fruit sec, allongé, s'ouvrant en deux et portant des graines à l'intérieur (ex: le pois)

Greffe: Opération par laquelle on soude deux végétaux. Habituellement un pour ses racines, l'autre pour ses caractéristiques décoratives.

Hampe (florale): Axe simple et nu, souvent droit et ferme, supportant des fleurs.

Humifère: Se dit d'un sol qui contient beaucoup de déchets végétaux et animaux en décomposition.

Humus: Terre formée par la décomposition de végétaux.

Indigène: Qui est naturel au pays.

Inerme: Dépourvu d'épines.

Inflorescence: Manière dont les fleurs sont placées sur la plante (ex: en épi, en grappe, en cyme.).

Lancéolé: En forme de fer de lance étroit et en pointe aux deux extrémités.

Linéaire: Long, étroit, dont les bords sont parallèles entre eux dans leur longueur.

Lobe — Lobée: Partie arrondie d'un organe comprise entre deux sinus.

Marcottage: Se dit d'une branche qui, encore reliée à la plante, s'enracine lorsqu'elle est en contact avec le sol.

Matière organique: Ensemble des déchets végétaux et animaux en décompositon.

Morphologie: Étude de la forme et de la structure des êtres vivants.

Naines: Se dit des plantes basses ayant un développement souvent lent.

Naturalisation: En aménagement paysager, il s'agit de l'implantation des plantes cultivées dans un milieu naturel.

Nervures: Lignes, généralement saillantes sur les feuilles.

Oblong: Bien plus long que large et arrondi aux deux bouts.

Obovale: En ovale renversé, la partie la plus large étant en haut de la feuille.

Ombelle: Inflorescence en bouquet arrondi, formant un parasol.

Ovale: Qui a la forme d'un oeuf.

Ovoïde: Qui se rapproche de l'ovale.

Palmée: Feuille dont les divisions ressemblent à des doigts mais qui sont réunies à un centre commun.

Panache: Qui ressemble à un assemblage de plumes.

Panachées: Feuilles ou fleurs nuancées de plusieurs couleurs.

Panicule: Grappe composée, compacte, de forme pyramidale.

Pédoncule: Petite tige qui supporte la fleur.

Pétiole: Petite tige qui supporte la feuille.

pH ou *potentiel Hydrogène:* Désigne le degré d'acidité ou d'alcalinité active d'un milieu (ici le sol): 0 à 7 sol acide, 7 sol neutre, 7 à 14 sol alcalin ou basique.

Pincer: Couper l'extrémité des jeunes pousses pour favoriser le développement des autres branches.

Pivotante: Se dit d'une racine qui s'enfonce verticalement dans le sol.

Pleureur: Se dit de l'arbre dont l'ensemble des branches retombent vers le sol, à la manière d'une pluie.

Plumet: Petit bouquet de plumes (synonyme de panache).

Plumeux: Garni de poils disposés comme les barbes d'une plume.

Prostré: Étalé, couché sur le sol.

Pruiné: Couvert d'un enduit cireux, glauque et fragile.

Pyramidal: Forme d'un arbre à base large et à extrémité supérieure pointue.

Radial: Disposé suivant un rayon.

Radiculaire: Qui tient de la racine.

Rameaux: Ramification d'une branche.

Rameux: Qui a beaucoup de branches.

Ramure: Ensemble des branches et des rameaux d'une plante.

Recurvé: Courbé vers l'intérieur.

Rejet: Jeune pousse qui naît sur les racines.

Résine: Substance visqueuse produite par certains végétaux, notamment les conifères.

Rosette: Ensemble de feuilles étalées en cercle et très rapprochées les unes des autres.

Samare: Fruit sec en forme d'ailes.

Semi-naines: Se dit de plantes dont la taille se situe entre les plantes naines et les plantes érigées.

Semi-persistantes: Feuilles qui sont soit persistantes, soit caduques, suivant le climat.

Simple: Feuille faite d'un seul morceau.

Tomenteux: Recouvert d'un recouvrement laineux dense et fin.

Torsadée: Tige ou feuille plus ou moins tordue et enroulée en spirale.

Trilobée: Feuille à trois lobes.

INDEX

227

Imprimé à Hong Kong